JN083916

天才を育てた親はどんな言葉をかけていたのか？

真山知幸・親野智可等

サンマーク出版

まえがきのまえがき

担当編集　淡路勇介

昨年、子どもが生まれました。

子どもが生まれると、さまざまなことが変化します。


まず、生活が子ども中心になります。

今まで、終電間際まで仕事をして、帰宅が12時を超えることはよくありました。

しかし、子どもが生まれると、どんなに忙しくても、そんなわけにはいきません。子どもが起きる時間、保育園の送り迎えのタイミング、しょっちゅう引く風邪。これらに合わせて仕事の時間を捻出する。そんな日々が始まりました。

目の前の「家事」「育児」「仕事」をこなすだけであっという間に過ぎてゆく日々ですが、子育て経験のある先輩方に事前に聞いていたので、想定していた通りではありました。

一つ、想定していなかった変化もありました。

それは、〝ニュースの受け取り方〟です。

子どもに関するニュースを見たときの受け取り方が子どもが生まれてから、１８０度変わりました。

「幼児虐待」や「事故」「いじめ問題」「ひきこもり」など、毎日のように、嫌でも耳にするこれらのニュース。今までは〝他人事〟でした。しかし、子どもが生まれてから他人事ではなくなったのです。

正直に告白すると、

〝自分の子どもに限っては、これらの問題は起こらないだろう〟

と思っていましたが、わからないですよね。

ニュースになるほど問題を起こさないにしても、「学校に行きたくない」と言い出すことは容易に想像できます。

もし、子どもが「学校に行きたくない」と言ってきたら、なんと答えるのがいいだろう？

そんな不安を、偉人研究家であり3児の父でもある真山さんにぶつけたところ、こう返ってきました。

「天才数学者の森毅さんの父は子どもにこう言ったんですよ、『学校に行かないなら、学校に行った日より充実した1日を送れ』」

こんな言葉をかけられる親になりたい！

そう思って、「天才を育てた親がどんな言葉をかけていたのか」を真山さんに書いてもらったのが本書です。

ただ、天才を育てた親のエピソードを聞いていると一つ問題が出てきました。この本に出てくる天才の親は国も時代もバラバラです。だからこそ、〝不変の理想の親〟像が浮かび上がってくるのですが、「じゃあ具体的にはどういう声かけや接し方をすればいいのだろう？」という疑問が拭えなかったのです。

そこで、ドラゴン桜の指南役を務めた教育評論家の親野さんにご協力いただきました。

真山さんの〝天才を育てた親のエピソード〟と親野さんの〝明日から使える実践的なアドバイス〟は、育児に不安を抱えるすべての親にとって、明るい未来を照らしてくれるに違いありません。

まえがき

真山知幸

私はこれまで、偉人研究家として、偉人をテーマにした本を数多く書いてきた。

とはいっても、偉人の業績にクローズアップし、〝その偉人がどれだけすごい人だったのか〟を伝えるというより、『ざんねんな偉人伝』のように個性あふれる偉人たちのハチャメチャな言動を取り上げながら、偉人らしからぬ人間臭い一面を掘り下げるのを生業（なりわい）としている。

このような本を書いてきたのは、どこか遠い存在だった偉人たちを身近に感じてほしい、という思いからだが、エピソードを調べる際に、必ず注目することが一つある。

それは〝親子関係〟だ。

両親はどんな職業に就き、子どもをどういう教育方針で育てたのか。偉人自身は、親と良好な関係だったのか、それとも対立していたのか、もしくは、親をいつも困らせるようなトラブルメーカーだったのか……。

古今東西の偉人たちが、どんな幼少期を過ごしたかは、生まれ育った環境によりまちまちだが、親子関係が偉人の人生に及ぼす影響は大きいという点では共通している。本人たちも、そんな自覚があるのだろう。偉人の自伝では、楽しい思い出にしろ、思い出したくない過去にしろ、両親と過ごした幼少期について詳細に書かれることが珍しくはない。

私もまた3人の子を持つ親として、子が成長するにつれて、親が子に与える影響について思いを馳せる場面が増えてきた。

偉人の伝記を読んで、幼少期のぶっとんだエピソードを知ると「親はさぞ、心配だっただろうな……。夢中になって打ち込めることが見つかって、偉人として活躍できて本当によかった……」と、つい親目線で読んでしまう自分に気づく。

そして今では、こんなことを考えるようになった。

もし、私が偉人の親だったら、偉人たちの「好き」に気づいてあげられただろうか、その才能を十分に伸ばせただろうか。そして、偉人が困難に直面して立ち往生しているときに、親としてどんな言葉をかけることができるだろうか、と……。

本書は、偉人を育てた親の言葉をテーマにした「育児本」であると同時に、偉人の才を伸ばした親の名言集でもある。偉人が〝発した言葉〟ではなく〝かけられた言葉〟に注目した点では、これまでにない名言本だといってよいだろう。

子どもに日々どんな言葉をかけるかは、植物の水やりにもよく似ている。日々、ポジティブな言葉をかけられて育った子は、自己肯定感の高い子に育ちやすいだろうし、逆にいつも説教ばかりされていたら、自信が持てない子になってもおかしくはない。

類まれな才能を発揮して人類を前進させた偉人たちは、幼少期にどんな言葉のシャワーを浴びたのか。本書では親の悩み別に、偉人の親が子にかけていた言葉を解説した。加えて、偉人の親のエピソードから得られる教訓を、毎日の生活のなかで実践するために、親野先生に具体的なアドバイスもいただいた。ぜひ参考にしてみてほしい。

私は40歳を機にフリーランスとなり、在宅での執筆活動を日々行っているが、気づけば子どもたちに「あれしなさい」「これしなさい」とばかり言っていることが多くなってしまい、いつも自分にがっかりしてしまう。

本書を書きあげて「親の言葉」の大切さを私自身が改めて実感したため、なるべく前向きな言葉をかけるように意識はしているが、まだまだ実践できているとはいいがたい。

はたして、日々自分は子どもにどれだけの言葉をかけているか。試しにカウントしてみたならば、予想以上の回数の多さに驚いた。そのバタバタぶりは「あとがき」で詳しく書いたので、またご覧になっていただくとして、やはり今のままではいけない。私もまたこの本を通じて、改めて「親の言葉力」を磨きたいと考えている。

本書が、子育てに悩む一人でも多くの親御さんにとって何かのヒントになれば、これ以上の幸せはない。

天才を育てた親はどんな言葉をかけていたのか？　目次

1

章

学校に馴染めなかった天才たち

エジソン／ハイエック／

森毅／南方熊楠

小学校を3カ月でやめたエジソン

小学校に入学すると、だんだんと親の手を離れて、社会へと飛び出していくことになる。「集団生活のなかで、はたして我が子は、うまくやっていけるのだろうか?」とどんな親でも心配になるが、「偉人」と呼ばれる人物のなかには、その強烈な個性がゆえに、集団生活になじめなかった、ということが珍しくない。その代表的な人物が、アメリカの発明王、トーマス・エジソンである。

幼少期から好奇心が旺盛だったエジソンは「なぜ空は青いの?」「1プラス1はなぜ2になるの?」と、素朴な質問を繰り返しては、小学校の教師を困らせた。いたずらが好きだったこともあり、教師の手にあまるようになったエジソンは、次第に疎まれていく。

ある日、こんな陰口を教師が言っているのを、エジソンは耳にしてしまう。

「頭が腐っている」

エジソンは帰宅して、早速そのことを話している。**そのときの母ナンシーの態度が実に偉かった。息子の目の前で教師の言葉に激怒して、小学校に通わせるのをやめさせたのである。**

父親は何をしていたかといえば、エジソンの父サミュエルは、エジソンのいたずらのひどさに辟易として、半ば見放していた。どんないたずらかといえば、エジソンは6歳のときに、自宅の納屋に火を放ったのである。その理由としてエジソンが語った言葉は、半ば伝説と化している。

「火がどんなことをするか見てみたくて」

木造の納屋は瞬く間に炎に包まれて、エジソンは慌ててその場から避難。普段は温厚な父もこのときばかりは、息子を広場まで連れて行き、激しく鞭を打ったという。

自分の息子は何をしでかすかわからない。その恐怖心から父もまた教師と同じく、エジソンを問題児として、自分から遠ざけようとしていた。

もし、母親も同じようにエジソンを見放していたならば、白熱電球の発明はいつになったかわからない。元教師だったナンシーだけがエジソンに絶望することなく、自ら教師役となり、家で勉強を教えることにした。

親ならば誰しも子どもに勉強を教えたことがあるだろうが、小学校に行かせずに家庭学習となると、その密度が全く違ってくる。

ナンシーはエジソンがお決まりの「なぜ」を口にすると「じゃあ調べてみようか」と、二人で図鑑を眺めながら教育していったという。マンツーマンならではの、粘り強い教育法である。ここならばどんな質問をしても、大人のうんざりした顔も見なくていいし、白けた教室の雰囲気を感じることもない。思う存分に疑問をぶつけたエジソン少年の姿が目に浮かぶようだ。

特筆すべきことは、エジソンの家庭学習は机上にとどまらなかったことだ。

エジソンは、初歩的な科学の教本に夢中になって、載っていた実験はすべて自分で試してみた。うまくいったものもあれば、本の通りにはいかない実験もあったことだろう。それらすべての経験が血肉となれば、ペーパーテストをする必要もない。

エジソンは小遣いをもらうと決まって薬屋で化学薬品を買いあさって、実験のためにつぎ込んだという。自分の好奇心を満たすために、とにかく調べて、気になったことは片っ端から実践して、すべての知識を体感として会得していったのである。

エジソンが小学校に通ったのは、せいぜい3カ月だったといわれている。学校をやめさせた母の判断について、エジソンは感謝の言葉をのちに述べている。

「母親の大切さを自分は幼い頃に発見した。小学校の先生から無能呼ばわりされた時、自分を最も強く弁護してくれたのは母親であった。その期待に応えるために努力を重ねたといってもよい」

「6歳の時の空想を忘れるな」

エジソンの最終学歴は「小学校中退」である。母が家庭学習で伸び伸びと学ばせた結果、世界的に有名な発明家として名を馳せることになる。それは、エジソンが特別な才能の持ち主だったからだろうか？

少なくともエジソンはそう考えていない。エジソンは誰もが〝リトル・ピープル〟を頭に住まわせていると考えていた。ただ、それは大人になるにつれて、失われていく。

エジソンといえば、「天才とは、99％の努力と1％のひらめきである」という言葉が有名だが、この名言が引用されて、努力ばかりが強調されることを、エジソンは危惧していた。82歳の誕生日での記者会見で、名言の真意を丁寧に説明している。

「生まれたての頭脳ほどリトル・ピープルにとって住みやすい場所はない。つまり、年が若いほど、自分の脳に宿っているリトル・ピープルの声に素直に耳を傾けることができるのである。大人になってからでは至難の業になるが、それでも何とか1％のひらめきと99％の努力があれば不可能ではない」

「リトル・ピープル」とは妖精のこと。子どもの頃は誰もが持つ自由な発想が、大人になるにつれて失われてしまう。それでも努力をすれば、大人になってからでも、子どものような天才的なひらめきが可能だとエジソンは考えていた。

同じような言葉を言っているのが、スイスの実業家ニコラス・ハイエックである。聞き慣れない名前かもしれないが、ハイエックが考案した「スウォッチ」なら耳にしたことがあるだろう。

１９７０年代末、スイスの時計産業は、日本製の安価なクォーツ時計の台頭によって大打撃を受けていた。そんな状況のなか、コンサルタントだったハイエックは、銀行から依頼を受けて、世界最大の時計製造グループ「スウォッチ」を創設。廉価でカジュアルなデザインのスウォッチはたちまち人気を呼んだ。その利益は、スイスの伝統産業の再建にも充てられた。

そんなハイエックの言葉がこれである。

「6歳の時の空想を忘れるな」

もともと子どもたちの発想は豊かだ。それが団体行動や集団生活における「常識」という型にはめられて、ブレイクスルーが生まれにくくなる。アインシュタインはこう言った。

「常識とは18歳までに身につけた偏見のコレクションのことをいう」

「18歳まで」とは、学校教育の期間そのものだろう。学校で身につけられることは多くあるが、その一方で、エジソンのような子どもの可能性を摘んでしまうことがあるのだ。

野山を駆け回った熊楠

学校嫌いの子どもは何も小学生ばかりではない。読者の中には子どもが思春期に差し掛かっている、という人も少なくないだろう。さすがに中学生になった子どもにつきっきりで勉強を教えるわけにはいかない。数学者の森毅は、中学生になってから、学校をたびたびサボるようになったという。

そのこと自体は珍しいことではないが、そんな息子を見ても、森毅の父は「学校に行け」とは言わなかった。かといってエジソンの父のように、息子を見放していたかというと、そうではない。学校をサボってもいいから、と代わりに出した二つの条件がある。

「落第はせんように自分でコントロールして休め」

無理に学校へ行く必要はないが、卒業するために最低限の出席はしておくように、ということである。「コントロールして休め」と言われると、サボりも何だか怠惰の成れの果てではなく、意思に基づいた選択という感じがして、気が引き締まってくる。

面白いのは2つ目の条件で、次のようなものだ。

「学校を休んだ日は、学校に行くより充実した1日を送れ」

これこそ、まさにエジソンが家庭学習で過ごした日々のことではないか。

森毅の父親の言葉を聞き、さらに一人の天才のことが脳裏に浮かぶ。

それは、博物学者の南方熊楠(みなかたくまぐす)である。細菌の研究でもよく知られているが、熊楠は幼少期から驚異的な記憶力を誇った。百科事典『和漢三才図会』や『本草綱目』を知人宅で読んで暗記。家に帰ってすべて書き写してしまった。

だが、頭脳明晰にもかかわらず、学校での勉強にはまるで身が入らず、成績は悪かった。数学のテストにいたっては、白紙で提出したこともあったくらいである。それでも落第は免れている。

まさしく森毅の父親が言うように、学校では落第しない程度の勉強にとどめて、放課後は、ひたすら野山を走り回って、考古遺物や植物、貝類などの標本の採集をしたり、読書や写本をしたりするのに熱中した。

ついたあだ名は「天狗」。このときの経験が「知の巨人・熊楠」の原点をつくることになる。

心に残る父の言葉

さて、森毅の話に戻そう。

森毅は父の教え通りに「学校に行くより充実した1日」を実践すべく、学校を休んだ日には、昼間は気楽に山へ行って昆虫採集などをしながら、夜はいつもより一生懸命勉強に打ち込んだ。本人もこう振り返っている。

「学校ぎらいで勉強は好きだったのでよく勉強したことにはなる」

数学が得意だった森毅は、東京帝国大学理学部数学科へ進学。京都大学の教授となり、数学や教育について多くの著作を出している。

父親の言葉で印象に残っているものは、ほかにもある。

森毅の父は、東京の外資系の会社で勤務していたが解雇されたために、大阪で高温を測る計器を作る会社を立ち上げた。森毅が小学生の頃は、ちょうど起業したばかりの頃で、随分と忙しかったらしい。工場に泊まることも多く、家族で一緒に過ごす時間は多くなかった。

それだけに思い出は深い。土曜の夜、東京への出張から帰ってきたら、森毅にこう言った。

「関ヶ原ですごい雪を見た。お前、あんなの見たことないやろ」

次の日には、関ヶ原まで雪を見に連れて行ってくれたという。人生を楽しむ大人がそばにいることで、子どもの好奇心は育まれる。

また、**学校の通信簿については「成績のよかったときだけ見せろ」とかなり変わった教育をしていた**。本来ならば「悪いときも見せろ」と言うものだが、森毅はこんなふうに振り返っている。

「ぼくはやたらに信頼され、大人扱いされていた。でも、それはある意味で子どもにとってきついことでもあるわけでね」

そんな信頼関係のもと生まれたのが、「学校に行くより充実した1日を」という言葉だったのだろう。

学校に通わせることもそうだが、親としては子どもに平穏無事なレールに乗ってほしいと、無意識にでも思ってしまいがちだった。

「学校に行きたくなければ、無理に行かせなくてもいい」

この意見に反対する親は少ないだろうが、我が子に対してそう思えるようになるまでには、やはりそれなりの覚悟が必要で、はたから見ているほど簡単ではない。

それを踏まえたうえであえて書くが、幼少期や少年時代は、むしろ学校以外から学べることも多いし、学校教育の枠組みではめこまないほうがよい才能もまた存在する。

学校という場にいようがいまいが、大事なのは「その日1日を充実したものにする」ということで、そのためには親自身が好奇心を持って日々を楽しむことも大切なように思う。

と、ここまで学校に行きたがらなかった発明家のエジソンと数学者の森毅の親たちがいかに子どもに寄り添っていたかを紹介してきた。しかし、共働き世帯が増えるなかで、「エジソンの母親のようにつきっきりで子どもに付き合ってあげられるわけないじゃん！」と読者の心の声が聞こえてきそうである。正直、私自身、こういう親でありたいと思いながらも、現実的なことを考えると、簡単なことではない。そこで親野先生にこの正直な気持ちをぶつけてみることにした。

親野先生、子どもが学校に行きたくないって言ったらどうしたらいいですか？

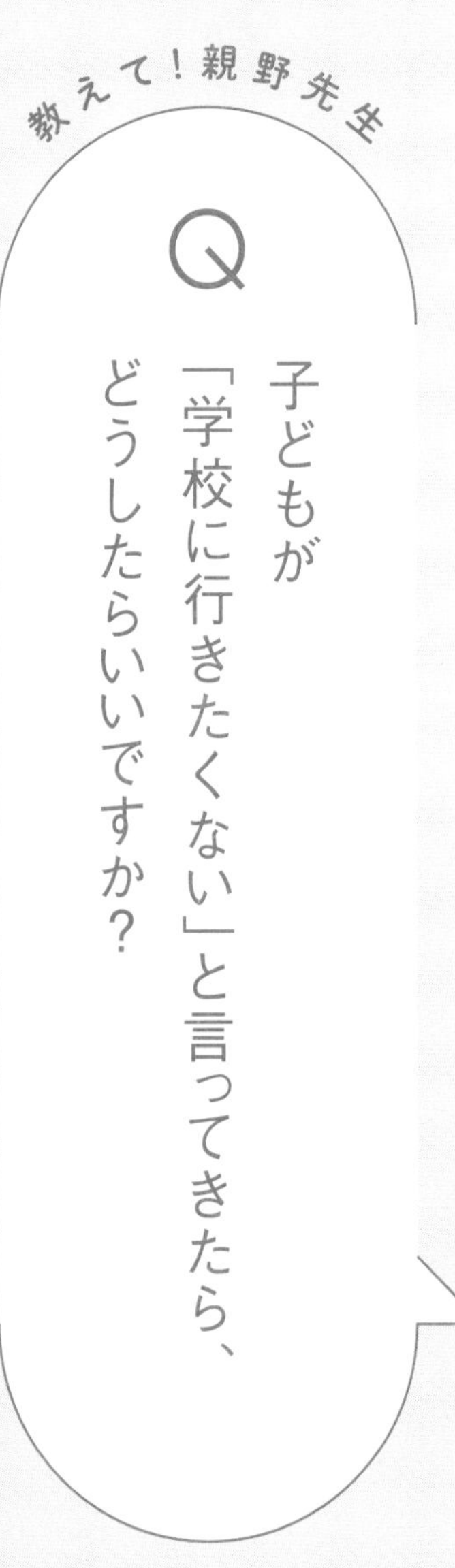

いろんな理由から、子どもがある日突然、「学校に行きたくない」と言い出すことがあります。以前は〝登校拒否〟という言葉を使って問題視されてきましたが、**最近は「必ずしも学校に行かせることが最優先ではない」という考え方が浸透してきました。**

とはいえ、いざ自分の子どもが学校に行かなくなると、親としては心配でたまらなくなりますよね。どうしても「学校に行かせる」ことを前提にした対応を、親はとってしまいがちです。

学校に行きたがらない原因としてよくあるのが、友達や先生との人間関係で苦しんでいるケースです。例えば、「いじめ」や「先生と合わない」「先生に目をつけられている」などです。そんな状況のときに、**親が「学校に行かせる」という結論ありきの対応をしてしまうと、子どもは非常につらい気持ちになります。**

子どもが「学校に行きたくない」と言い出したら、まずは事情を聞いてあげてください。もちろん、必ずしも本当のことを話してくれるとは限りません。特に、いじめられている場合、親には知られたくなくて、隠すことも多いです。無理に聞き出そうとすると、かえって心を閉ざしてしまうことさえあります。

それでも聞いてみないことには、始まりません。中学生より小学生のほうが話してくれますし、小学生でも低学年のほうが素直な気持ちを打ち明けてくれます。

まずは「どうしたの？」「何かあったの？」と優しく聞いてみましょう。そのときに「友達とうまくいっていない」とか「先生が怖い」といった答えが返ってきた場合、親として気をつけることは、何でしょうか。

それは〝**子どもを否定するようなことを絶対に言わない**〟ということです。

「あんたが先生の話をちゃんと聞かないからでしょう」

「いじめないでって、はっきり言わなきゃダメでしょ」

「あんたがだらしがないからそうなるの」

こうした否定的なスタンスをとってしまうと、子どもは本当のことを話したくなくなってしまいます。

もちろん、平常時ならば「自分はそんな対応は絶対しない」という親御さんがほとんどでしょう。しかし、「子どもが学校に行かない」と言い出すと、親はパニック状態になってもおかしくありません。普段は絶対言わないようなことを、口に出してしまったりすることもあるのです。

だからこそ、どんな想定外の出来事が起きても、なるべく気持ちを落ち着かせて「子どもの言うことを、頭ごなしに否定しない」ということは、常に心に留めておいてください。

アドバイスは負担になりやすい

子どもが学校に行きたくない理由を話してくれたときに、子どもを否定するような態度をとらない人でも、すぐに励ましたり、アドバイスをしたりする人は非常に多いです。

「大丈夫だよ」

「すぐに解決するよ」

親としては良かれと思っての言葉に違いありません。

しかし、そういった**励ましは、子どもにとっては苦痛になりやすいです。「そんなに簡単な話じゃない」「私の話をちゃんと聞いてもらえてない」と子どもは思うんです。**

子どもが学校に行きたくない理由を話したときは、まずは「うん、うん」と、とにかく聞いてあげる。子どもはたっぷりと親に話すだけで、心が晴れることすらあります。親は「共感を持って聞く」ことを意識して、

「そうなんだ、嫌だよね」

「それは苦しいよね」

など、共感的な言葉で対応するようにしましょう。

共感的に聞いてあげれば、子どもはさらに話しやすくなります。

話を聞いたうえで「無理に学校へ行かせないほうがいいな」と思ったならば、休ませたほうがよいでしょう。また、先生や仲のよい友達に聞いてみたり、その子の親に聞いてみたりすると、わかることがあるかもしれません。いろいろと情報を集めながら、状況の把握に努めます。

明らかないじめがあることがわかった場合に、相手の保護者に連絡をするのは大体うまくいきません。

こじれることが多いので、いきなり相手側に接触するのはできるだけ避けて、まずは先生に相談してみてください。

いじめ問題では、「先生に言っても、解決しなかった」という話がたびたびメディアに取り上げられます。その影響で親も「先生は頼りにならない」と思い込みがちです。

しかし、長年、教育の現場にいた立場からすれば、先生に相談して解決したケースは、たくさんあります。それでも「先生が無事に解決しました！」という話は、表に出てきませんからね。

もし、担任の先生に言っても解決しなければ、学年主任、教頭、校長に相談してみる方法もあります。それでもダメならば、教育委員会や弁護士に相談してみてもよいでしょう。実際に、いじめていた相手に弁護士から内容証明郵便を送ってもらったら、すぐに解決したという例もあります。

いじめ問題ではなくても、悩み事が人間関係に起因している場合、いろいろな解決法があります。親だけで抱え込むことなく、学校関係者や専門家に相談するようにしましょう。

休んでいる子どもに罪悪感を持たせない

本編で森毅さんのお父さんが「学校を休んだ日は、学校に行くより充実した1日を送れ」という言葉を息子にかけたというのは、素晴らしい話だと思います。

というのも、登校できない子どもはみな自分を責めていて、本当に苦しいんですよね。「登校しなきゃいけない」という思いは、本人が一番強い。それでも行けないからこそ、本人はつらいわけです。

そんなとき、親としては「ちょっと休んでもいいけど、また行こうね」というような、学校に行くことを前提にした声かけを、ついしてしまったりします。解決を急ぐ気持ちが、言葉の端々に出てしまうんですね。そうなると、子どもは家でも心から休むことができません。

その点、森毅さんのお父さんの言葉からは、子どもへの強い信頼感が伝わってきます。もし子どもが「学校にはもう行かない」という決意をしたならば、学校に通う以上に充実した時間を過ごすことを目標にして、親子でそこに向かっていくのがよいでしょう。

今はネットでもいろいろ学べるうえに、オンライン講義の幅もどんどん広がっています。

学校に通わずとも、自宅で勉強の環境が十分に整えられます。英語一つとっても、オンラインでネイティブと話したほうが、学校の授業よりも上達するかもしれません。

子どもひとり一人の得意不得意に合わせられる分、オーダーメイドの教育が実現できます。学校に通うよりも、子どもの個性をより伸ばせるかもしれません。

ただ、必要な情報にアクセスしたり、多種類の選択肢の中から決断したり、必要な物を買ったりなど、子どもだけではできないこともたくさんあります。そこで、親のサポートが重要になってきます。

エジソンのお母さんが息子のために、好きな実験ができるようにサポートを惜しまなかったのは、その好例でしょう。

学校に行かない道を選んだとしても、学び続けることは必要です。

選択肢がたくさんあり、学校だけがすべてじゃないことを、まずは親自身が理解する。そうすれば、子どもの「学校に行かない」という選択への不安は和らぐことでしょう。

それと同時に「**お母さんやお父さんはどんなことがあっても、あなたの味方だよ**」と**いうことを伝えてあげてください**。手紙で伝えるのもよい方法ですね。書き文字だと、言葉にはしにくいような、素直な気持ちを表現しやすいです。

学校に行けなくて自信をなくしてしまっている子どもに対して、自己肯定感を持てるような声かけを、親がしてあげることが大切です。

親の観察力とコミュニケーションが鍵になる

子どもが学校に行きたがらない場合、まずはその理由を優しく尋ねて、じっくり話を聞いてあげることが大切だと言いました。

しかし、子どもはたとえいじめられていても、親には言いたくないものです。親に心配をかけたくないという気持ちがあるうえに、子どもにもプライドがあるからです。

あるいは「いじめられている」と親に悟られることで、事態が悪化することも、子どもは恐れています。親に「どうしたの？　こうしなきゃダメじゃない！」と騒がれてしまうと、子どもは学校だけではなく、家でもくつろげなくなってしまいます。

最悪なのは、親が下手に動くことで、いじめがエスカレートすること。子どもとしてはそれだけは避けたいところです。普段から、子どもの言うことにあまり耳を傾けてくれないような親ならば、子どもはそんな心配から、とても本音は打ち明けられません。

「お母さん、お父さんは自分の話をきちんと聞いてくれる」

子どもがいざ困ったときにも、そんなふうに思えるような、親子関係を日頃から築いておきましょう。そのためには、日頃から子どもとコミュニケーションをきちんととること、そして、子どもをよく観察することが大切です。

表情や何気ない仕草からも、子どもの心境を読み取れれば、会話の糸口にもなりますし、深刻な事態になる前に、アプローチすることも可能でしょう。元気がなくなったり、普段と比べて表情に変化がないかどうか。よく観察してあげてください。

いじめられている場合は、持ち物がなくなったり、服が汚れていたりするなど、異常な変化が現れることもあります。以前のように友達の話をしなくなったりしたときも、要注意です。

どんな場合においても、普段の親子の信頼関係がベースになります。それを形づくるのが、日々の観察であり、言葉がけです。何か問題が起きたときは、親子で向き合うよい機会ととらえて、一緒にゆっくり解決していく。

そんな気持ちで、決して焦らないようにしましょう。

A

まずは子どもの話をちゃんと聞く。日頃から、子どもの言うことを頭ごなしに否定しないコミュニケーションが大事です。

1章の主な登場人物

トーマス・エジソン

1847年、製材所を経営する父・サミュエルと元小学校教師の母・ナンシーのもと、7人兄弟の末っ子としてアメリカ合衆国のオハイオ州に生まれる。小学校になじめずに中退後、鉄道の電信技手を経てボストンの電信局に勤務。研究所を設立し、電信機、電球や蓄音機など次々と発明に成功した。白熱電球を実用化するにあたっては、京都府八幡市内の真竹を材料に使ったことでも知られる。また、映画撮影機であるキネトグラフや、映画を観る機械であるキネトスコープを発明したことから「映画の父」とも呼ばれている。晩年は人造ゴムの研究に専念。生涯約1300もの発明を行い「発明王」として名を馳せた。二度の結婚を経験し、6人の子どもに恵まれた。84歳で死去。

ニコラス・ハイエック

1928年、レバノンのベイルートに生まれる。スイス人との結婚を機にスイスへ。義父の会社でエンジニアとして働いたのち、自らのコンサルタント会社「ハイエック・エンジニアリング」社を創設。薄型のクォーツ時計が台頭し、衰退の一途を辿るスイス時計産業の復興のために立ち上がる。安価なプラスチック製の「スウォッチ」を考案。大胆な設備投資と巧みなマーケティング、厳格な品質管理によってスウォッチは大ヒットとなり、「マーケティングの天才」と称された。1986年にスウォッチ・グループを立ち上げて、2003年に息子に経営を譲るが、引き続き、会長兼代表取締役として経営にあたった。82歳で心不全により死去。

森毅（もり・つよし）

1928年、東京に生まれるが、外資系の会社で働いていた父がリストラを機に起業に踏み切ったことで、小学校入学前に大阪へ。東京帝国大学理学部数学科を卒業後、1951年に北海道大学助手、1957年に京都大学助教授を務めて、翌年に教授就任。1991年に退官して京都大学名誉教授となる。民間の数学教育運動にも参画したほか、専門領域を超えて、コラムニスト、エッセイスト、評論家として人気を博した。子どもの頃からの芸能好きで宝塚に熱中。大学時代は歌舞伎、長唄三味線に凝って、「数学は芸能である」という持論を唱えた。また人生80年として20年で区切る「人生20年4回説」を提唱し、老後の生き方について指南役となった。敗血症性ショックにより82歳で死去。

南方熊楠（みなかた・くまぐす）

1867年、金物商を営む父・南方弥兵衛と母・スミのもと、四男二女の次男として和歌山県に生まれる。幼少期から驚異的な記憶力で周囲を驚かせた。大学予備校を卒業後、アメリカに留学して独学で細菌の研究などを行う。その後、イギリスに渡り、大英博物館で図書目録編纂係として働いた。科学雑誌『Nature』に「ミツバチとジガバチに関する東洋の見解」などの論文を投稿し、徐々にその名を知らしめていく。帰国後も菌類の採集・調査に専心。和歌山県に行幸をした昭和天皇に粘菌標本を進献したことは、大きな話題を呼んだ。妻の松枝との間に、長男の熊弥、長女の文枝をもうけた。萎縮腎により74歳で死去。死後も娘の文枝は熊楠が残した資料を守り続けた。

2章

他人と同じようにできなかった天才たち

アインシュタイン／ナポレオン／チャーチル／ジャック・ウェルチ

無口で嘲笑された「天才」と「英雄」

周囲の子が難なくできていることが、自分の子はできなかったりすると、親としてはつい不安な気持ちになってしまう。ある才能が突出していると、ごく普通のことができないことがしばしばあるようだ。偉人の幼少期を調べると、それを実感することになる。

天才の代名詞的存在といってよいだろう。「相対性理論」を提唱し、光電効果の法則の発見でノーベル物理学賞を受賞したアルベルト・アインシュタインのことである。

アインシュタインは「一般相対性理論」で、従来は切り離されて考えられていた時間と空間の概念を結びつけて「重力が働くのは、質量があると時間と空間が曲がるため」と提唱。時空のゆがみが伝わる重力波が２０１５年に初めて観測され、アインシュタインの理論の正しさが、改めて実証されるかたちとなった。

20世紀最大の物理学者——。

そう呼ばれるアインシュタインもまた幼少期は劣等生だった。とにかく活気がない。身体を動かすのが嫌いで、陰鬱な少年だったので、周囲もバカにしがちだった。家庭教師はアインシュタインに「のらくら神父さん」というあだ名をつけている。

両親が心配したのは、アインシュタインの発達の遅さである。なかなか話し出さないうえに、やっと話し出したかと思えば、速度はゆっくりで、しかもぎこちない話し方だった。アインシュタインの口数の少なさは小学生になっても変わらず、子どもらしく外を駆け回るようなこともなかった。それでいて、成績は国語と算数こそよかったものの、外国語と歴史の成績が悪く、教師からはこんな叱責を受けている。

「きみの、授業中のぼやっとした馬鹿みたいな態度が、みんなの規律を乱し、クラスの評判を落としているのがわからんのか」

同じように成績が悪い生徒がいたとしても、運動が活発でおしゃべりな生徒だったら、ここまでは言われないだろう。

それにしてもアインシュタインは教師に叱責されるほど、ぼんやりとして、一体何を考えていたのだろうか。

アインシュタインの心をつかんで離さなかったのは、宇宙についての謎である。きっかけは5歳のときに、父親からもらった小さな羅針盤だった。羅針盤の針が振れるたびに、アインシュタインは、その背後に人間の力よりはるかに偉大な力が働いていると感じた。

アインシュタインは死ぬまでこの羅針盤のことを思い出しては、そのエピソードを語ったという。父の小さなプレゼントが、アインシュタインを宇宙の世界に連れて行くことになった。無口なのは、その思考がそれだけ深かったからかもしれない。

訛(なま)りをバカにされて、ほかの人と同じように話せなくなった、偉人もいる。フランスの皇帝ナポレオン・ボナパルトである。

ナポレオンは、イタリア半島の西に位置する、フランス領のコルシカ島で生まれた。父親がコルシカ島選出の貴族院議員となってフランス本土に渡ることになると、幼いナポレオンも同行することになった。

フランスの教育を受けたほうがよいだろう、という父の判断だったが、ナポレオンにとってはつらい学校生活となった。島訛りのフランス語はたちまちクラスで嘲笑の的となってしまう。クラスで一番背が低いことも、いじめられる要因となった。

アインシュタインもそうだが、話下手に身体能力の低さが伴えば、クラスでは隅っこの存在へと追いやられがちである。だが、その後の2人の目覚ましい活躍を思えば、なんとも滑稽な話だ。

アインシュタインとナポレオンといえば、世界が誇る「天才」と「英雄」ではないか。ナポレオンはヨーロッパの大半を制圧し、フランス皇帝の地位まで上り詰めている。

もちろん、悔しさをばねにしての並々ならぬ努力があったに違いないが、幼少期からその素養は少なからずあったはずである。

そんなことはおかまいなしに「無口で身体能力が低い」というだけで、スクールカーストの下位に押し込まれるのだから、理不尽極まりない。もし、本書の読者がそんな扱いに苦しんでいたとしたならば、つらいときに、この2人の偉人をぜひ思い出していただきたい。

演説の名手、チャーチルの知られざる苦悩

「みんなと同じように話せない」

そう悩む人のなかには、話し言葉が滑らかに出ない発話障害の一つ「吃音（きつおん）」に苦しんでいる人もいる。

前述したアインシュタインも吃音だったと言われているし、「進化論」のチャールズ・

ダーウィンは「妹のキャサリンよりも物覚えがずっと遅かった」と始終言われ続けたことをのちに回想しているが、やはり吃音の可能性が指摘されている。

意外な人物も吃音に苦しめられていた。演説の名手として知られる、イギリス首相のウィンストン・チャーチルである。

チャーチルは舌足らずな話し方になってしまうため、それをカバーするために特製の金の入れ歯を作っていた。一国の首相ということもあり、万全を期していたのだろう。

だが、若い頃は、その吃音さえポジティブにとらえていたようだ。23歳にしてすでに演説の場数を踏んで、自信をつけつつあったチャーチルは、こんなことを言っている。

「聴衆の注意を引くためには、若干の不愉快ではない程度の吃音や障害が時として役に立つことがある」

ここまでポジティブにとらえられれば言うことはないが、やはり少年時代において、吃音はコンプレックスになりやすいものである。

ゼネラル・エレクトリック社（GE）のCEOを務めたジャック・ウェルチも、吃音の症状に悩まされた。

ウェルチといえば、「選択と集中」や「シックスシグマ」などの経営手法をいち早く導入したことで知られている。卓越した指導力によって、売上高を5倍、純利益を8倍に伸ばし、『フォーチュン』誌で「20世紀最高の経営者」に選出された経験を持つ。

学歴も華々しいものだ。マサチューセッツ州立大学卒業後にイリノイ大学に移って化学工学の博士号を取得すると、GEに入社。入社してわずか8年でゼネラル・マネージャーに昇格し、最年少でGE会長兼CEOに就任している。

何の悩みもなくエリート街道をひた走ったかにも見えるが、少年時代はうまく言葉が出ずに悩んでいた。

そんなウェルチに、母はこう言ったという。

「言葉に障害があるんじゃない、頭の回転が速すぎるだけ」

言葉がうまく出ないのはなぜか。それは、話す内容を考えすぎているからではないか。つまり、瞬時にいろいろと思考を巡らせるがゆえに、言葉に詰まるのだろう。母は、そんな解釈をして、息子に金言を与えたのである。

ウェルチはインタビューなどで何度かこの母の言葉を紹介している。それだけ繰り返し、この言葉に勇気づけられてきたのだろう。

不思議なもので、強く思い込めば、思った通りの人間へとなっていくものである。ウェルチが名経営者へとのしあがっていったのは、母の言葉がエンジンとなったからに違いない。

フラットな人間など存在しないし、でこぼこしているからこその個性がある。困難に打ち勝つことで、それをもともと持たない人よりも、遠くまで跳ぶことができる。

子どもが困難に直面しているときに、親はどうふるまうのがよいのか。親野先生に再びご登場いただこう。

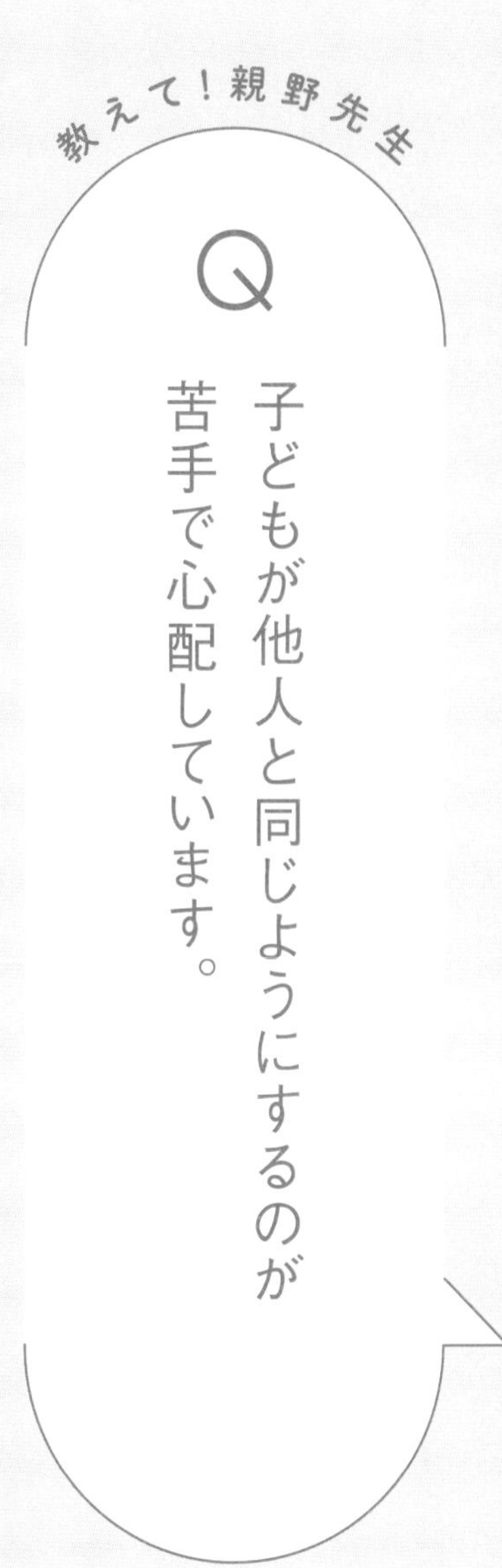

成長は早ければよいわけではない

どうしても、親は子どもの成長を、同じ歳の周囲の子と比べてしまいがちです。1月～3月の早生まれだと「うちの子は早生まれだから」と周囲についていけるか心配になってしまったりするし、かといって4月生まれだと「うちの子は4月生まれなんだから、本来は誰よりも早くできるはずなのに」と思い悩んでしまったりします。つまり、どんな状況でも結局は、心を乱されてしまうものなんですね。

我が子の成長を心配するのは親として当然ですが、本人にはプレッシャーになってしまいますし、あまり良いことはありません。子どもがどのように成長していくか。それは千差万別。子どもによってバラバラなんですよね。私はそれを「オリジナルペース」と呼んでいます。「成長が早ければよい」というものではありません。

子どもには、ひとり一人に合わせた成長のペースがある。頭ではそうわかっていても、どうしても気になってしまうものですが、だからこそ、そのことを常に頭に置いておくとよいかもしれません。

ただ、際立って成長が遅い場合は、発達障害なども含めて何らかの障害がある可能性もあります。一人で抱え込むことなく、専門家に早めに相談するようにしましょう。一番よいのは小児科の医師ですが、保健師さん、幼稚園や保育園の先生、小学生ならば担任か養護教諭など、まずは身近で相談しやすい人の意見を聞いてみてもよいでしょう。行政にも相談窓口がありますし、秘密厳守で相談できますので、「自治体の名前　発達障害　相談」などのキーワードで検索してみるといいでしょう。

ただし、発達障害についてはまだわからないこともたくさんあり、専門家でも意見が分かれることがあります。複数の専門家の意見を聞いてみることをおすすめします。

人間はでこぼこしているのが当たり前

ジャック・ウェルチのお母さんの言葉はすごいと思います。「言葉に障害があるんじゃない、頭の回転が速すぎるだけ」と、ポジティブな方向に変えていますよね。

とはいえ、もし我が子が発達障害だとわかると、落ち込んでしまっても無理はありません。子どものことを思うからこそ、重く受け止める親御さんがいるのも理解できます。

しかし、どう転ぶかわからないのが、人生の面白いところです。

私が好きな言葉に「人間、万事塞翁が馬」ということわざがあります。人生、何がよい方向に転ぶかはわかりません。

アインシュタインは話し出すのが遅く、周囲はみな心配しました。でも一方で、天才的なすごい能力があったわけです。これは何も偉人に限った話ではなくて、完璧な人間はいないわけですから、よいところを伸ばせばいいんです。

人間みんな何かしらでこぼこなはずなのに、それをきれいな丸にしようとするのは、社会的な抑圧に過ぎません。そんな時代ももう長くはないでしょう。これからはプロフェッショナルの時代へと、どんどん変わっていきます。平均的に何かできるよりも、突出した能力があるほうが、評価されるようにすでになってきています。今後もその傾向は続くと私は確信しています。

ですので、もし、子どもに障害があったとしても、頭を抱えることはありません。気持ちの整理がつくまでに時間も必要かもしれませんが、子どもの個性を見極めて、伸ばしてあげるよいチャンスだと思って、存分にサポートしてあげてください。

良いところに目を向けさせる

自分の子が発達障害だと聞いて、ほっとする親御さんも多くいます。親は子どものことで、つい自分を責めてしまいますからね。専門家にみてもらうことで「私の育て方のせいじゃなかった」と安堵して、本当の意味で我が子と向き合い始めることも、珍しくありません。

ましてや、子ども本人はもっと苦しいわけです。表向きは態度に出さなくても「どうしてできないんだろう」と自分を責めているものです。

もし、障害がわかった場合、子どもにも伝えるべきか否かですが、これは子どもの性格やそのときの精神状態にもよると思います。

「別にあんたが怠けていたっていうことじゃなくて、こういうことなんだよ」

そう説明してあげることで、安心するケースもあるでしょう。

ただ、一方で、すごく落ち込むタイプの子どももいます。その見極めは難しくて、一概にマニュアル化できるものではありません。その子の性格はもとより、そのときの精神状態もよく観察して判断したほうがよいでしょう。やはり観察力はどんなときでも大事ですね。

伝えるときには、ウェルチのお母さんの「頭の回転が速いだけ」のように、その子のよいところも一緒に添えてあげてください。

「そうそう、あんたにはこういういいところあるからね」

そんなふうに伝えれば、励みになることでしょう。ジャック・ウェルチがそうだったように、親の言葉は時に子どもにとって、一生の宝物になることだってあるのです。

A

子どもの成長はでこぼこしているのが当たり前。
早ければいいというものでもありません。

2章の主な登場人物

アルベルト・アインシュタイン

1879年、セールスマンおよびエンジニアの父・ヘルマンと母・パウリーネのもと、長男としてドイツのウルム市で生まれる。母から勧められて5歳で始めたバイオリンは、生涯にわたっての趣味となった。チューリッヒ連邦工科大学を卒業後、教員や家庭教師のアルバイトを経て、スイス特許局に就職。「光量子仮説」「ブラウン運動の理論」などに関する論文を立て続けに発表し、チューリッヒ大学の教授となる。「特殊相対性理論」「一般相対性理論」などを発表し、1921年にノーベル物理学賞を受賞。世界に名を馳せた。「20世紀最大の天才」とも呼ばれる。二度結婚し、3人の子を持った。76歳で死去。

ナポレオン・ボナパルト

1769年、小貴族の父・カルロと倹約家で女性闘士としても活躍した母・レティツィアのもと、12人兄弟の4番目、三男としてコルシカ島に生まれた。パリ士官学校で学び、砲兵としてフランス革命に参加。フランス革命軍仕官として戦功を上げると、国内軍司令官となり、オーストリア軍に連勝するなど多く活躍する。1798年にはエジプトに遠征し、1804年にフランス第一帝政の皇帝となる。中部ヨーロッパを制覇するが、ロシア遠征に失敗。退位して、エルバ島に流される。翌年パリに戻り、再度帝位に就くがワーテルローの戦いに敗れ、セント・ヘレナ島に流刑となり、51歳で死去。二度の結婚で3人の子に恵まれた。

ウィンストン・チャーチル

1874年、政治家の父・ランドルフと母・ジャネットのもと、イングランドのオックスフォードシャー州で三男として生まれた。陸軍士官学校卒業後、保守党下院議員へ。内務大臣や大蔵大臣、海軍大臣などを歴任し、首相に就任。第二次世界大戦中のイギリスを勝利に導いた。スピーチの名手で、ソ連との東西冷戦を予見した「鉄のカーテン」がよく知られている。また「勝利（Ｖｉｃｔｏｒｙ）」を意味するピースサインを浸透させたという逸話も持つ。長男も政界入りするが、選挙に六度落選し、当選したのはチャーチルが首相となった年のただの一度きりだった。チャーチルは作家としても活躍し、ノーベル文学賞を受賞した。脳卒中で左半身が麻痺して90歳で死去。

ジャック・ウェルチ

１９３５年、車掌の父・ジョンと母・グレイスのもと、アメリカのマサチューセッツ州に生まれた。マサチューセッツ州立大学卒業後は、イリノイ大学へと移り、化学工学の博士号を取得。ゼネラル・エレクトリック社（ＧＥ）に入社すると、わずか8年でゼネラル・マネージャーに就任した。１９８１年には最年少でＧＥ会長兼ＣＥＯ就任まで上り詰める。大胆なリストラと事業開発によって組織変革に取り組み、「選択と集中」や「シックスシグマ」などの経営手法をいち早く導入。ＧＥを時価総額４５００億ドルの企業へと導いた。『フォーチュン』誌で「20世紀最高の経営者」に選出されたこともある。腎不全により84歳で死去。

3章

親の言葉で才能を伸ばした天才たち

ゲーテ／ベンジャミン・フランクリン／庄野潤三／岩代太郎

「才能を生かせているか？」と問い続ける

子どもとともに時間を過ごしていると「こんなことができるようになったのか」「なんて感性が豊かなんだ」と驚かされることがある。「親ばか」と言われようが、できることならば、我が子の得意なことを見つけて、伸ばしてあげたいと考えるのが、親というものだろう。

偉人たちのなかには、幼少期にかけられた親の褒め言葉をじっと心に留めて、その才能を伸ばしたというケースが少なくない。

万能の天才――。そう呼ばれたヨハン・ヴォルフガング・フォン・ゲーテは、実に多くの肩書きを持つ。

最もよく知られているのは、文学者としての顔だろう。自身の失恋体験を題材にした『若きウェルテルの悩み』で当時の文壇に鮮烈な印象を与えると、ドイツ教養小説の代表作品とされる『ヴィルヘルム・マイスターの修業時代』や、長編の戯曲『ファウスト』など、世界文学史に残る作品を次々と発表。小説家、詩人、戯曲家と文学面だけでも、多ジャンルでその才を発揮している。

一方でゲーテは、ワイマール公国で行政や政治にも携わった。参事官から評議員へと抜擢されると、鉱山の採掘量を調査。その後も行政官として出世し、枢密顧問官・政務長官を経て、最高顧問官の地位を得ている。小さな国とはいえ、一国の宰相を務めたのだ。

さらにゲーテは自然科学研究にも打ち込み、植物をテーマにした著作を残している。光や色への関心も高く、20年間にわたる研究成果を『色彩論』としてまとめて、世に送り出した。

一体、何人分の人生を送っているのだろうか。ゲーテの多才ぶりには驚かされるばかりだが、その才を語るうえで、幼少期に施された教育は無視できない。教育熱心な父が、幼少期からゲーテにさまざまな知識を叩きこんだのである。

ゲーテ家は祖父の代に旅館や果樹園の経営で成功し、資産を築いていた。18世紀のヨーロッパが啓蒙主義を迎えていたこともあり、一家の財産はゲーテの教育費に惜しみなく投資されることになる。

ゲーテは教育パパの手配によって、ギリシア語、ラテン語、フランス語、イタリア語、英語、ヘブライ語など語学を叩きこまれたほか、乗馬やダンス、ピアノまで仕込まれた。

恐るべき英才教育だが、ゲーテは着実に父の期待に応えたようだ。

ゲーテは、ライプツィヒ大学とシュトラスブルク大学で学び、ヴェッツラーの帝国法院で研修したが、それは父と全く同じ歩みだ。いかに父からの影響が大きかったかを物語っている。

それだけではない。ゲーテはのちに公務を放り出して、1年9カ月に及ぶイタリア旅行に出て関係者を慌てさせた。その経験から『イタリア紀行』を書き上げているが、実は父も全く同じことをしている。ゲーテの父は、法学博士号をとったあと、通常ならば法律関係の仕事に就くところを、3年あまりの旅に出て、やはり『イタリア紀行』を書き上げているのだ。ゲーテの前半生はまるで父のコピーのようである。

そんな我が子に多大な影響を与えたゲーテの父は、息子に次のような言葉を繰り返しかけていたという。

「もしわしにお前ぐらいの素質があったら、全然別のやり方をしただろう。そしてお前のようにふしだらに才能を浪費するようなことはしなかっただろう」

ゲーテの父は苦心して法学の博士号を取得した。だが、息子はといえば、楽々とさまざまな知識を吸収しているように見えた。だから、その様を見て「もっと必死に打ち込んだならば……」と、つい考えてしまったのだろう。

何度となく繰り返されたという、この言葉は、息子への苦言でありながら、最大の賛辞にもなっているところが、秀逸である。この言葉を受けて、ゲーテ自身も「今の自分は才能を無駄にしていないだろうか。時間を無駄に過ごしてはいないだろうか」と問いかけるようになったのではないだろうか。

フランスの詩人、ポール・ヴァレリーがゲーテの特徴について、こんな表現をしている。

「ゲーテは自分の明日を貪欲なまでに大切にします」

父の言葉を受けて、自分には素質があると自己肯定感を高めることができたゲーテ。だからこそ、明日をどう生きるかについていつも大切に考えて、その結果、これだけ多くのジャンルで業績を残すことができたのである。

適切な文章術のアドバイスで気づきを促した

ゲーテと同じく多ジャンルで才能を発揮したのが、ベンジャミン・フランクリンである。「アメリカの父」とも称されるフランクリンは、アメリカ独立宣言の起草委員会の一人。第

3代アメリカ合衆国大統領のトーマス・ジェファーソンとともに署名を行っている。

政治家や外交官として活躍しながらも、フランクリンは科学的な業績も数々残している。最もよく知られているのは、雷の実験だ。嵐のなかで凧（たこ）を上げて、雷が電気であることを突き止めた。

もし、フランクリンがいなければ、避雷針の発明が遅れて、人々はただ恐怖に震えることしかできなかっただろう。私の長女もひどく雷に怯（おび）えるが、雷が苦手な子どもにとって、フランクリンはヒーローとして扱われても本来はおかしくはない。

フランクリンの父は二度の結婚で、17人もの子どもをもうけ、フランクリンは15番目に生まれた。8歳でラテン語の学校に入り、優秀な成績を収めるが、なにぶん家族が多いために、教育費を出す余裕がなく、通学は1年足らずで終わった。10歳になった頃には、父の家業を手伝うようになる。

家業はもともと染物屋だったが、需要が少ないために家族が養えずに、父はロウソクの製造に商売替えをしていた。だが、フランクリンはこの仕事がどうにも退屈だったらしい。

「私は、ロウソクの芯を切ったり、ロウソクの型に脂を流しこんだり、店番をしたり、使い走りをしたり、といった仕事をやることになった。私はこの商売が嫌いで、船乗りになりたくて仕方がなかったのだが、これには父が反対だった」

2年にわたって働いたものの、どうしてもこの商売が好きになれない。父もそんな息子を心配したようだ。大切な息子が不安定な船乗りになってしまうことだけは避けたいと考えて、父はフランクリンにさまざまな職業を見学させている。指物師、煉瓦師、挽物師、真鍮細工師……などだ。そんな様々なタイプの職人が働く姿を見せたことは、のちにフランクリンが科学者として実績を残す下地になった。自身でこんなふうに振り返っている。

「この時以来、私は熟練した職人が道具を使うのを見るのが楽しみになった。またその時の見学は役にも立っている。おかげでいろいろなことを覚え、家の中の小仕事ぐらいは、職人が間に合わぬ時には、自分でやれるようになったし、何かある実験をしてやろうという気持ちがまだ盛んに燃えている間に、その実験に必要なちょっとした機械をこしらえることも自分でできるようになったからである」

有意義な職人見学体験を積ませながら、父はフランクリンの適性を見つける。それは、印刷屋である。本が好きなフランクリンに最適な道へと、父は背中を押したのである。

その原動力は「船乗りになるのだけはやめてくれ」という父の思いだったようだが、その後も、父はフランクリンに何かと目をかけている。

たまたま、目に留まった友達との手紙のやりとりを読んで、父はフランクリンにこんな感想を述べた。

「綴り（つづり）と句読の正しい点では相手に優っているが、気品の高い言い回しや思想を整理する方法や明晰さの点ではずっと劣っている」

父の厳しい意見をフランクリンは素直に受け止めて、こう振り返っている。

「私は父の説が当たっていることを悟り、それ以来文章の書き方に一層気をつけるようになり、何とかしていい文章が書けるように努力しようと決心した」

謙虚なフランクリンのほうに目がいくが、このときに父が友達との議論の内容には立ち入らなかったことにも着目したい。主義主張は、子どもの自由である。そこを尊重しながら、伝える方法にのみ言及しているので、苦言を呈されたフランクリンも「私も認めざるをえなかった」と思えたのではないだろうか。

政治の世界でも、研究の世界でも重要となる文章表現力を、フランクリンは父の言葉をきっかけに磨き上げることができたのである。

さりげない言葉に支えられることがある

ゲーテもフランクリンも、父からかけられた言葉を心に刻み、自分の才能を伸ばした。親からしてみれば、何気なく言った言葉かもしれないが、言われたほうは案外に覚えているものである。

それが褒め言葉ならば、なおのことで、昭和30年代から文壇に現れて「第三の新人」と呼ばれた小説家の庄野潤三もそうだった。庄野はデビュー作『雪・ほたる』を読んだ父から、こんな英語のフレーズを聞く。“leave no stone unturned”、意味は「ひっくり返してない石は一つもない」、つまり、「あらゆる手段を尽くしている」という絶賛である。補足するように「丹念によく書けている」と父はそのあとに続けたと、庄野自身がのちに振り返っている。

また、私の長きにわたる友人である漫画家の湯沢敏仁（ゆざわとしひと）は、子どもの頃にラーメンを食べる人の絵を落書きで描いたところ、父親に「うまいな」と言われたのが、今の仕事を選択したきっかけだと話してくれたことがある。

しかし、そうして親の言葉をきっかけにして、自分の得意なことに気づいても、やがて壁にぶちあたることになる。

日本を代表する作曲家の岩代太郎は、高校時代に猛勉強をして、東京藝術大学の作曲科に入学。高校では周囲から「才能がない」と言われて、そのことがかえって発奮材料となったようだ。ところが、むしろ大きな困難は入学後に待っていた。

夢は近づけば近づくほど、その大きさにひるむことがある。岩代も例外ではなかった。

「偉大な音楽家のことを知れば知るほど、とてつもない壁を感じた」

大学をやめたい――。

そう思い悩むほど追い詰められるが、父からはこんな言葉をかけられたという。

「友達をつくれることこそ、学校が持つ最大の財産だ。友達との交わりの中で、貴重な感動体験もできる」

学校という場がもたらすものについて、改めて目を覚まさせてくれる言葉である。学友もライバルと思うと焦ることもあるが、同志と思えれば切磋琢磨できる。

レベルの高い環境に身を置いても、なお、くらいついて作曲を続けた岩代。今や海外でも広く活躍し、『ニューズウィーク』の「世界が尊敬する日本人100人」の一人にも選ばれている。

親としては、子どもの足りない能力に不安を抱いたり、苦手なことの克服ばかりについ目がいきがちだが、自分の短所や苦手なことは、自分が一番よくわかっていたりもする。それに比べて、自分の得意なことや、才能がどこにあるかは、他人から見たほうがわかりやすい。

才能を育む親の声かけが、偉人をも生む。そう思えば、親の日々の言動が、子どもにとって、いかに重要なのかが再認識できるだろう。

親野先生は、長きにわたる教師経験を持ち、子どもの才能を伸ばすべく、声かけを行ってきた。それでも、圧倒的に子どもと過ごす時間が長い、親の影響には勝てないという。

親野先生、子どもにとって、最も身近な存在である親は、どんな言葉をかけて、我が子の才能を伸ばしてあげられるのでしょうか。

教えて！親野先生

Q 子どもの才能を伸ばすために親ができることはありますか？

まずは観察すること

子どもの才能を伸ばすには、やはり**よく観察して「その子の好きなこと」を発見してあげることです。「好きである」、そのこと自体が「才能がある」ということだといってもよい**でしょう。

好きなことがわかれば、さらに深められるように、親は応援してあげてください。例えば、テレビの子ども番組を観ているときに、出演者と一緒に我が子が一心不乱に踊ったりするなら、ダンスが好きな可能性があります。その場合、子どもがよりダンスに夢中になれるようなDVDを買ってあげるといいと思うわけです。もっと踊るようだったら、リトミックを体験させてみてもいいかもしれません。

いつも絵を描いているならば、色鉛筆の色数を増やしてあげるだけでも、子どもはもっと熱中するかもしれません。粘土が好きだったら、色付きの粘土や紙粘土を与えてみて、どんなふうに作るかを観察してみてもよいでしょう。

好きなことに没頭し、それが磨かれて周囲から褒められれば、自信もつきます。自信がつけば、ますますそのことが好きになっていく……そんな好循環を生むことになります。なにより親子関係も良くなります。

「本人が好きなことをやらせるなんて当たり前のことじゃないの？」

そう思う読者もいるかもしれませんが、意外とそうでもないんですね。例えば一時期「東大生にピアノ経験者が圧倒的に多い」というネットの記事が注目されました。そうした本人発ではない情報に、意外と親は惑わされがちです。

また「親がやっていたことをやらせる」といったこともよくあります。もちろん、きっかけとして、試しに子どもにいろんなことを体験させるのはよいと思います。

ただ、**そのときの子どもの反応をよく観察すること。そのうえで続けるかどうかは、本人の意思を一番にして決めるようにしましょう**。親の押しつけになってしまっては、うまくいきませんからね。

子どもの才能を伸ばすために、最も重視すべき情報は、その子のリアクションのなかに必ずあります。遊びだけではなく、生活全般をよく観察し、その子の「好き」を全力で応援してあげましょう。

熱中している子どもへの声かけ

子どもが何かに熱中しているときは、こんな言葉がけがよいでしょう。「集中力があるね」「いいね。楽しんでるね」「努力家だね」「想像力あるね」「アイデアがすごいね」……。

ゲーテのお父さんの場合も、暗に才能を褒めているわけですよね。庄野潤三さんのお父さんもさすが作家の父だけあって、心に残る表現で、我が子の作品に賛辞を送っています。

とにかく褒めることが大切です。でも、これが意外と難しいんですね。何しろ、親が夢中になってほしいことばかりに、子どもは打ち込むわけではありませんからね。

「ゲームにばっかり夢中になって、勉強にも集中しなきゃダメでしょ！」

実際はついそんなふうに言ってしまいがちですが、そう言われると、子どもは「自分は勉強の集中力がないんだ」「勉強が嫌いなんだ」と思い込んでしまいます。

我が子にそんなネガティブな自己イメージを抱かせないためには、**たとえゲームに夢中になっているときでも、「あんた、集中力あるね」と言ってあげてください。**すると、子どもは「自分は集中力があるんだ」と思えるんです。よい自己イメージさえ持てれば、たとえ勉強していて「ああ疲れちゃった、もういいや」と思ったときにも「待てよ、自分には集中力があるはず。もうちょっとやってみようか」となるんですよね。

「うちの子は、集中力がなくて……」という親の悩みをよく耳にしますが、**子どもは、何かには必ず集中しています。ただ、それを「集中力」と認めてあげられていないだけ**です。

また、もし熱中していたことに飽きてしまっても、とがめる必要はありません。また新たな挑戦をすぐに始めるのが、子どもですからね。

親の言葉が子どもに与える影響は、親が考えている以上に大きなものです。子どもは「自分がどういう人間か」がまだわからないわけで、他者の言葉によって、自己イメージを作っていきます。幼少期の子どもは、友達や先生、そして一番近い親からかけられた言葉で「自分がどんな人間なのか」、その青写真を作ります。

子どもの才能を伸ばすには、よく観察して、夢中になっていることを見つけること。そして、熱中する姿に、常に肯定的な声かけをすることが大切なのです。

「才能を褒めてはいけない」は間違い

最近、少し気になっていることがあります。

それは「才能は褒めてはいけない。努力を褒めよう」という言説が広まっていることです。言い換えると「才能を褒めると努力をしなくなってしまうから、プロセスを褒めてあげましょう」という考えです。

もちろん、プロセスを褒めることも大事です。しかし、同時にその子どもが持って生まれた才能も、やはり褒めてあげてほしいと私は思っています。

「才能を褒めてはいけない」。そんなふうに言われ出したのは、一つの研究がきっかけです。コロンビア大学のミューラー教授らが、ある公立小学校の生徒を対象に「褒め方」に関する実験を行いました。

実験では、子どもたちをランダムに2つのグループに分けて、両方のグループの生徒にIQテスト（1回目）を受けてもらいます。そして1つのグループの生徒には、テストの結果がよかったときに「あなたは頭がいいのね」と、もともと持っている能力を褒めました。そして、もう一方のグループには「あなたはよくがんばったわね」と、努力を褒めるような声かけを行ったんですね。

そのうえで、今度はかなり難しいIQテストを受けさせて、さらに、1回目と同じ程度のIQテスト（3回目）を受けてもらいました。その結果、成績はどうなったと思いますか。

もともとの能力を褒められた子どものグループは成績を落としてしまい、努力を褒められたグループの子どもたちは成績を伸ばすことができたのです。

しかも、2回目の難しいテストを受けたときに、能力を褒めたグループは、成績について嘘をつくこともわかりました。

これらの結果から、もともとの能力、つまり才能を褒めてしまうと、難しい問題にぶつかって解けないときに「自分には才能がなかったんだ」と考えてしまうために、よい結果にならない……そんな結論が導かれています。

一方、努力を褒められたBグループの子どもたちは「自分たちはできる」という思いから、問題が難しくなっても「努力が足りないせいだ」と粘り強く問題を解こうと挑戦を続けた……そんな解釈がなされています。この実験結果が大きな注目を浴びて、「才能を褒めてはいけない」という考えが大きく広まることになりました。

しかし、私は必ずしも常にそれが当てはまるとは思いません。なぜならば、この説はごく短期的な実験で得られた結果をもとに、拡大解釈し過ぎているように思えるからです。実際には、**学校にしろ、家庭にしろ、社会に出てからにしろ、子どもの生活・人生は非常に長いわけです。ですから、例えば、ある子が何かに取り組んでいて挫折しかけたときに、才能を褒められた経験があることで「自分は才能があるのだから、もう少しがんばってみよう」と考えてやりとげられるようになる可能性もある**わけです。

この結果を真に受けて「才能を褒めちゃいけないんだ」と、子どもの才能を伸ばすチャンスがあちこちで失われているとすれば、大きな損失だとさえ思います。

次章では、ノーベル物理学賞を受賞した益川敏英さんが恩師からかけられたという「益川は観察眼が鋭いな」という言葉が紹介されています。

これは、まさに才能を褒めたものですよね。この言葉が、益川さんの心の支えになって、偉業を達成することになります。才能への賞賛は、時に努力への賞賛とはまた違ったかたちで、本人を鼓舞してくれるという実例ではないでしょうか。

持って生まれた才能と、それを伸ばす努力。その両方が大切であり、切り分けて考えるべきものでもありません。努力も才能のうちで、才能もまた努力のうちですからね。

親は努力と才能の両面から褒めてあげてください。

親の褒め言葉は、子どもがいつか人生につらさを感じたときにこそ輝きを放ちます。子どもの心をしっかりと支えるばかりか、大きな飛躍の土台になることでしょう。

A

よく観察して才能と努力の両方を褒めてあげましょう。

3章の主な登場人物

ゲーテ

1749年、資産家の父・カスパールと母・エリザベートのもと、長男としてドイツのフランクフルト・アム・マインに生まれた。ライプツィヒ大学、シュトラスブルク大学を経て、弁護士となる。小説『若きウェルテルの悩み』でその名を世に知らしめた。ワイマール宮廷に招かれてからは10年あまり、政治家として活躍し、枢密顧問官や内閣首班を務める。ドイツを代表する詩人でありながら、劇作家、小説家、科学者、哲学者、政治家としても幅広く活躍。代表作として詩劇『ファウスト』など。息子のアウグストを秘書兼会計係としたこともあったが、ローマで病死。その2年後の1832年にゲーテも82歳で死去している。

ベンジャミン・フランクリン

1706年、ロウソク職人の父・ジョサイアと母・アビアのもと、17人兄弟の15番目として、ボストンで生まれた。12歳で印刷工となったのち、記者や編集者として頭角を現す。イギリスに渡って植字工として働き、帰国後は印刷業を再開。米国初のタブロイド紙を発行して成功を収めた。植民地議員や郵便総局長を務めたほか、公共図書館の設立やフィラデルフィア・アカデミー（現・ペンシルバニア大学）の創設に尽力。1776年にはアメリカ独立宣言の起草委員となり「アメリカ合衆国建国の父」と呼ばれた。科学や発明にも造詣が深く、避雷針、ロッキングチェアー、遠近両用眼鏡などを発明。息子に宛てた『フランクリン自伝』を執筆中に84歳で死去した。

庄野潤三（しょうの・じゅんぞう）

1921年、帝塚山学院初代学院長の父・庄野貞一と母・庄野春慧のもと、三男として大阪府東成郡住吉村に生まれた。九州帝国大学法文学部卒業後、海軍に入隊し少尉に任官。館山砲術学校で庄野隊を結成し、米軍上陸に備えて砲台を建設した。学校教諭、放送会社勤務を経て作家業へ。1955年に『プールサイド小景』で芥川賞受賞。安岡章太郎、吉行淳之介、小島信夫らとともに「第三の新人」と呼ばれて活躍。1965年には、丘の上の一軒家で自然と親しみながら暮らす家族を描いた『夕べの雲』で読売文学賞を受賞。1971年には離れゆく家族を描いた『絵合せ』で野間文芸賞を受賞。晩年まで家族の温かみを描き続けた。日本芸術院会員、勲三等瑞宝章受章。88歳で死去。

岩代太郎（いわしろ・たろう）

1965年、東京生まれ。教育者の岩代吉親を祖父に、作曲家の岩代浩一を父に持つ。東京藝術大学音楽学部作曲科を首席卒業、同大学院修士課程を首席修了。修了作品「世界のいちばん遠い土地へ」がシルクロード管弦楽国際作曲コンクールで最優秀賞を受賞。同曲は東京藝術大学資料館に永久保存されているという。以後、テレビ、映画、アニメや舞台など幅広いジャンルで作曲家、プロデューサーとして活躍している。

4章

親の言葉で好奇心を育んだ天才たち

岡倉天心／益川敏英／松本零士

父の問いかけに危機感を持った岡倉天心

幼い子どもと外に出かけると、野に咲く花や地を這う虫、雲のかたちや木々の様子などに興味津々で「なんていう名前?」「見て!見て!」と話題が尽きず、その観察力に驚かされる。自然のものだけではない。看板や標識、キャラクターなどの人工物も、目ざとく見つけては「あれは、なあに?」と尋ねてくる。

外の世界の何もかもが珍しいらしい。かつては自分もそうだったのだろう。子どもの豊かな発想力は、その観察力の鋭さと無関係ではないように思う。

偉人は知的好奇心の塊のような人物が多い。子どもらしさを失うことなく育ったともいえる。なかには、親のひと言によって知的好奇心が刺激され、前人未到の偉業を達成したり、その後に進むべき道を方向付けられたりした偉人もいる。

美術評論家の岡倉天心は、急激に欧米化が進んだ明治時代において新しい日本画の創造を目指した。廃仏棄釈（はいぶつきしゃく）で痛手をこうむった古美術品の保存を呼びかけるなど、日本美術の発展に尽力したことでも知られている。

天心は英語で『東洋の理想』『茶の本』などの著作を発表。海外で日本文化が高く評価されるきっかけをつくった。

天心の英語力の高さを表す、こんなエピソードがある。

天心がアメリカに滞在していたときのことである。天心を師とあおぐ横山大観とともに、羽織・袴（はかま）でボストンを歩いていたら、現地のアメリカ人から、こんなふうにからかわれた。

「あんたら何ニーズだ？　チャイニーズかい、ジャパニーズ、それともジャワ人か？
(What sort of nese are your people? Are you Chinese, or Japanese, or Javanese?)」

突然、投げかけられた侮辱の言葉に、天心はこう切り返している。

「私たちは日本人紳士だ。あんたこそ何キーなんだい？　ヤンキーか、ドンキーか、それともモンキーか？ (We are Japanese gentlemen. But what kind of key are you? Are you a Yankee, or a donkey, or a monkey?)」

声に出して読んでみれば、何とも小気味よい。

「ドンキー」は「ロバ」という意味のほかに「馬鹿者」という意味も持つ。胸のすくようなユーモアあふれる切り返しだ。天心は英語がただ達者なだけではなく、一人の国際人として渡り合っていたのである。

1863年（文久2年）、横浜に生まれた天心が英語を得意としたのは、父・岡倉勘右衛門の影響が大きい。父は福井藩士でありながら、数字に明るかったことから、藩主に命じられて、商館「石川屋」の貿易商となった。

横浜という開かれた貿易港で活躍する商人を父に持てば、外国人はおのずと身近な存在となる。天心は6〜7歳にして宣教師から英語を学び始め、たった9歳で英米人と同等の会話力を持っていたといわれている。

まさに理想的な早期教育といえるが、その弊害もあった。英語の学習を重視するあまりに、母国語に支障が出てきてしまったのである。

それは思わぬかたちで露呈することとなった。天心が父とともに、川崎大師へ出かけたときのことだ。天心は父から突然、こんな言葉をかけられた。

「あれを読んでみろ」

ちょうど、東京府（東京都の前身）と神奈川県の境だったため、県境の標示杭がそこには立てられていた。ところが、天心は1字も読むことができず、しばし呆然としたという。漢字が読めなかったのである。

だが、天心は意気消沈することも、開き直ることもなく、父にこう迫った。

「国語国文の勉強をさせてほしい」

息子の熱意に父は、神奈川県の長延寺に預けることを決意。住職の玄導和尚から、漢学の手ほどきを受けさせている。

もっとも家庭の事情もあった。この年、母が天心の妹を産むと同時に産褥熱で急死。父が間もなく再婚したこともあり、そのタイミングで天心は家を出たことになる。

そんな複雑な背景はあったものの、天心は住職のもとで漢学を学びつつ、毎週、宣教師のもとで英語を学ぶという生活を送り、13歳で東京開成学校に入学する。東京開成学校は2年後に「東京大学」に改称。天心は文学部へと進学した。

明治初期において、日本は教育の模範を欧米に求めていた。そのため、当時の講義はほとんど英語で行われており、大学に入学できるのも、ごく少数のエリートだった。天心はそのなかでも抜群の英語力を誇りながら、和文、漢文、英文などの学科にも顔を出していた。

その東京大学で、天心はキーパーソンとの出会いを果たす。お雇い外国人教師として来日した、アーネスト・フェノロサである。

フェノロサは哲学、政治学、理財学の担当だったが、日本美術への関心を持ち始めて、天心はその通訳を手伝った。やがて、フェノロサは審美学の授業も担当し、日本美術へ傾倒していく。

フェノロサと天心は、もはや教師と生徒の関係を超えていた。いわば「日本美術を英語で海外に向けて紹介する」という共通の目的を持った同志である。天心は卒業論文として『美術論』を英語で書き上げて、日本美術研究をけん引していく。

そんな天心の前半生を振り返ったときに、やはり父の「あれを読んでみろ」という問いかけは、一つのターニングポイントになったといえるだろう。

もちろん、学習意欲が旺盛な天心のことだから、そのまま英語の道を突き進んでも、どこかのタイミングで、漢文を勉強し直した可能性は高い。だが、住職のもとで漢文を学び、宣教師のもとで英語を学ぶという得難い環境に、9歳から身を置いたことで「日本美術について海外に発信する」という人生の使命に、早くから目覚めることができた。

また天心の父が、ことさら子どもにコンプレックスを持たせなかったのも、よかったのではないか。「漢文が読めないなんて！」と、焦って子どもから英語を取り上げるようなことはしなかった。親ではなく、天心自身が危機感を持ったからこそ、遊びたい盛りの少年時代に、ハードな勉学に打ち込むことができたに違いない。

天心の父による「子どもの気づきを促す言葉」がなければ、天心が英語で『茶の本』を書き上げることも、海外から日本のお茶文化が現在のように評価されることも、もしかしたらなかったかもしれない。

宇宙の成り立ちに迫った益川敏英

2008年にノーベル物理学賞を受賞した益川敏英も、父の問いかけによって、研究者の道へと進むことになった。

益川といえば、ノーベル賞受賞を知らせるノーベル財団に対して、「大してうれしくない」と言い放ったことで話題となった。なぜそんなことを言ったのか、のちに記者会見で釈明している。

「賞というのは与える方や受ける方が同等でなければならないはずなのに、ノーベル賞の場合には『あなたに決まりました。10分後に発表します』と、こちらからは何も言えないような一方的な通報だった。瞬間、カチンときてそのように言ってしまった」

あわせて「その日、家に帰って妻から『そんなことは言うものではない』と教育的指導を受けた」というほほえましいエピソードも紹介しているが、益川はこんなことも言っている。「36年前の過去の仕事ですから」。

戸惑うのも無理はない。授賞理由となった「小林・益川理論」は１９７０年代に確立されたもの。当時、28歳の小林誠（ＫＥＫ素粒子原子核研究所長）と、33歳の益川が書いた論文がもとになっており、二人での受賞となった。

益川は小林との研究で、宇宙の成り立ちにかかわる「ＣＰ対称性の破れ」という不思議な現象がなぜ起きるかという謎に挑んだ。

研究を進めているうちに、これまでは、物質をつくる基本粒子「クォーク」が自然界に3種類あることが知られていたが、少なくとも6種類は必要だということがわかってきた。30年以上かけて、その仮説が検証され、ノーベル物理学賞の受賞という結果につながることになる。

そんな世界的な偉業を達成した益川も、アインシュタインやエジソンと同じく、落ちこぼれだった。

益川が小学校に入学したのは、１９４６年5月1日。まだ終戦して間もなかったため、日本の情勢が大混乱に陥るなか、１カ月遅れての小学校のスタートとなった。

戦後で学校の教室も不足しており、授業は午前と午後の二部制をとっていた。それが週によって入れ替わるのだが、益川はいつも授業中にぼんやりしていて、教師の話を聞いていなかったために、間違えることもしばしばだった。お昼過ぎに登校したら、授業が午前中で終わっていた、などという失敗も日常茶飯事だったようだ。

学校から帰れば、鞄（かばん）を家に置いて、すぐに遊びに出かける日々。心配した母が担任にこう訴えた。

「ウチの子が家でまったく勉強しないんで困っています。先生、少しは宿題を出していただけないでしょうか」

それを聞いて教師は呆（あき）れてこう言ったという。

「宿題は毎日出しています。いくら宿題を出してもお宅の息子さんは、一度もやってきたことがないんですよ」

益川の母は温厚な性格だったが、これには激怒。ある日、遊びから帰ると、延々と2時間近く説教されたうえに、ミカン箱の前に座らされ、国語の教科書を朗読させられた。

これだけ母が必死に怒ったのは、益川の将来を思ってのことだ。筆者も親としてその気持ちはよくわかるが、益川は当時を振り返ってこう書いている。

「そのせいで、朗読が大きらいになりました。母の説教はまったく無駄骨に終わりました。〈のど元過ぎれば熱さを忘れる〉で、ぼくはその後もいっこうに宿題をやらなかったのです」

なかなか手ごわいが、これが現実だろう。偉人の幼少期を鑑みても、親から強制されたことを好きになるという事例はまれである。

もちろん、親にしてみれば「最低限これだけはやってほしい」という気持ちを抱くものだ。だが、無理にやらせて嫌いになってしまうと、苦手意識もついてしまう。親の働きかけがかえって逆効果となってしまうのは悩ましいところだ。

「日食や月食はなぜ毎月起こらないか、わかるか？」

そんな親の心配をよそに、益川は宿題をサボり、教師の話をよく聞いていないだけではなく、教師が授業で少しでも間違えると間髪入れずに指摘していた。そんな性質はずっと変わらず、名古屋大学大学院生時代には、益川はこんなあだ名で呼ばれていたという。

「いちゃもんの益川」

益川の偉業を知っている私たちからすれば、批判精神の豊かさを感じ取れるが、教師からすれば「やるべきことをやらずに、人の指摘だけする子ども」である。エジソンほどではないにしろ、教師からは疎まれていたかもしれない。

しかし、そんな問題児の益川が心から「先生」と呼びたくなる人物が2人いた。

一人は、3年生のときに担任となった「稲垣先生」という教師で、どんな生徒にも分け隔てなく接して、みなの良いところを伸ばそうとしてくれたのだという。

図画の授業で、写生をすることになった益川は担任を描いたところ、こう褒められたという。

「腕時計まで描いたのか。益川は観察眼が鋭いな」

残念ながら、この教師は学校をやめてしまうが、益川がのちに振り返るくらいなので、よほど心に残ったのだろう。褒め方が具体的であり、そこから「観察眼が鋭い」という長所に結びつけているところが秀逸である。こうした褒め言葉は、大人になってからも案外に思い出されて、局面局面で力になることがある。

もう一人、益川にとって「先生」と呼ぶべき存在がおり、自身でこう書いている。

「小学生時代に出会ったもうひとりの先生。それはぼくの父でした」

益川の父は洋家具の頑固な職人で、小学校しか出ていなかった。しかし、家具職人の修業時代には、電気技師を目指して、早稲田大学の通信教育を受けていた時期があり、電気や機械技術などの知識は豊富だったという。

もともと好奇心が旺盛なのだろう。科学全般に詳しく、近所でも「ものしり」で通っていた。息子の益川にも、さまざまな科学の知識を披露していたようだ。

なかでも益川が印象に残っているのが、父と銭湯の行き帰りで交わした問答である。まだ街灯がろくにない時代だったため、月明かりに照らされながら、夜道を父と歩いていると、益川の顔を覗(のぞ)き込んで、こう尋ねたという。

「日食や月食はなぜ毎月起こらないか、わかるか？」

益川が首を振ると、父は、「それはな、地球から見て、月が回る道と太陽が動く道とが五度ずれているからなんだ」と解説を続けたのだという。

そのほかにも、次のような質問をしている。

「三相交流モーターは、どうして動くのか？」

「電車の自動ドアは閉まりかけを手で押さえることはできる。しかし、いったん閉まったらビクともしないのはどうしてか？」

どんどん質問は高度になったが、益川はそんな父の話が大好きだったという。父からしてみても、うれしくなるからどんどん問いかける。そんな好循環が生まれたようだ。

『宇宙戦艦ヤマト』『銀河鉄道999』で知られる漫画家の松本零士にも同じような、父との思い出がある。

父のことを「絶対的な存在でした」と振り返っている。7人と多くの子どもがいてにぎやかな家庭だったが、父がひと言「黙れ」と言えば、静まり返ったのだという。

そんな父と一緒にお風呂に入ったときのことである。零士が「火星人はいるんだろうか」と尋ねると、重々しい声でこんなふうに答えたという。

「いるかもしれんし、いないかもしれん」

それ以来、零士は「火星人マニア」になった。のちに宇宙を舞台にした名作漫画を残す下地を父がつくったといっても過言ではない。

褒め言葉が知的好奇心を創る

益川は父との問答によって知的好奇心が刺激され、世界を広げていく。そのおかげで、落ちこぼれだった学校生活にも変化が出てきた。

教師が授業から脱線して「こんなことを知っていますか？」と問いかけたならば、益川は張りきって「はい！」と返事をして、小学生らしからぬ科学の知識を披露し、みなから感心されるようになった。

落ちこぼれほど成功体験は輝きを放ち、いつまでも記憶に残るものだ。科学の知識は図工の授業でも生かされて、モーター作りなどでも、益川は活躍。すると、大好きな「稲垣先生」がこんなことを言ってくれたのだという。

「益川くんには数学や理科の才能があるよ」

大人のかける言葉一つで、子どもはその才能を伸ばすこともあれば、コンプレックスに悩むこともある。益川少年にとって、大人二人の言葉がどれだけ自分の人生に影響を与えたことだろうか。自身でこんなふうに書いている。

「おかげで、ぼくは自分が数学や理科が得意なんだ、と思いこんだ。そう錯覚したんです。そしてこの、稲垣先生と父親に植えつけられた錯覚のおかげで、小学校、中学、さらに高校と、ずっと理科系の科目にのめりこみつづけることになったのでした」

思えば、筆者にも作文を褒められた経験があり、そのことを今でも思い返す。小学生の頃、授業で俳句を作ったときのことだ。どんな俳句を作ったかは覚えていないが、先生にこんなことを言った。

「先生、俳句は作れたんですけど、同じ言葉が続くので、もう少し考えさせてください」

おそらく何か言葉の重複があったのか、同じ語尾が続いたりしたのだろう。そのとき、先生からはこんな言葉をかけてもらった。

「そのセンスは大事にしたほうがいいよ」

自己暗示みたいなものだろうか。それ以来、私は何か文章にまつわるセンスがあるのだ、と考えるようになり、文章を書くことへの興味を持つようになった。

何が得意なのかは意外と自分ではわからないものだ。大人の問いかけとともに、褒められることで、子どもの知的好奇心が目覚めることもある。

一番身近な大人である親が、その役割を果たせるに越したことはないだろう。何も難しいことをする必要はない。

ただ、親自身が好奇心を持ち、子どもと一緒に自分たちを取り巻く世界を楽しむ。そこから育まれる豊かな才能がきっとあるはずだ。具体的な声かけについて、親野先生に聞いてみるとしよう。

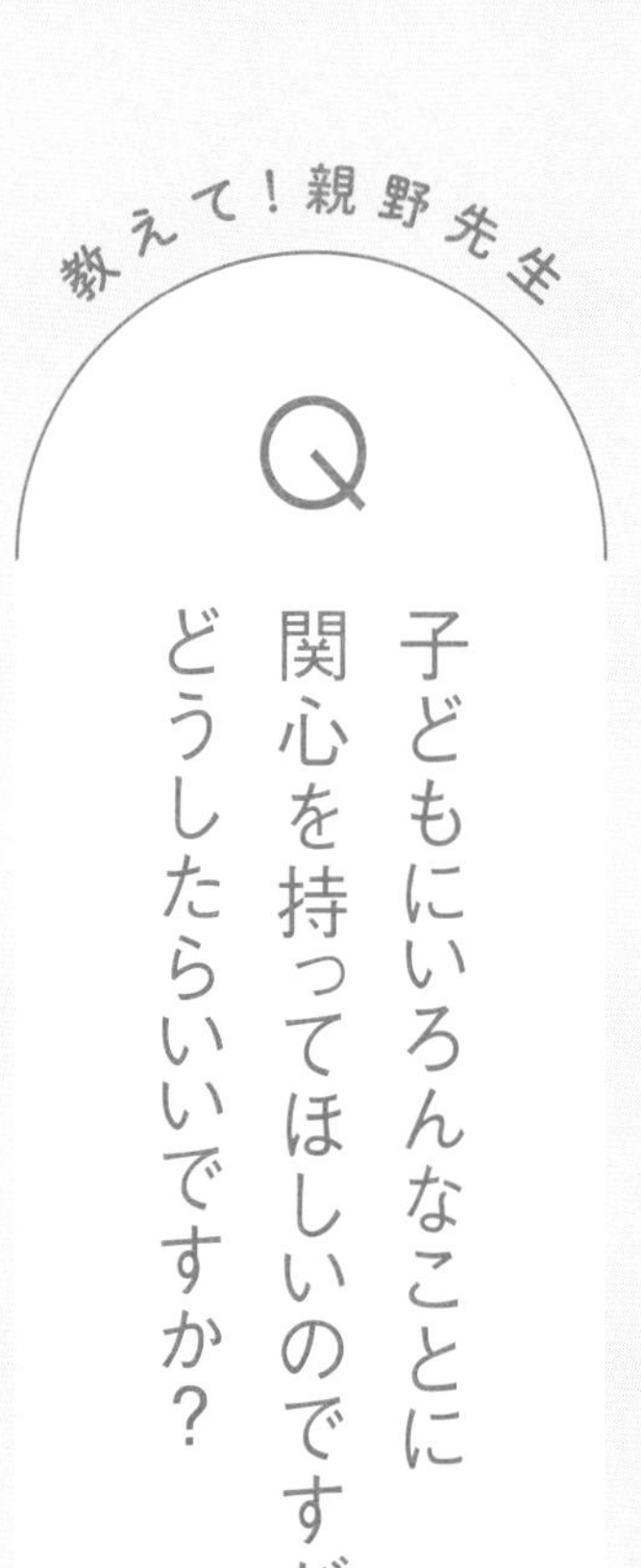

子どもの「なぜ？」の裏には感動がある

自分の子どもに対して、「好奇心豊かに育ってほしい」と思っている親は多いことでしょう。子どもは好奇心の塊ですが、親の反応次第で、子どもの好奇心をさらに伸ばすことができると私は考えています。

例えば、子どもがこんなことを聞いてきたとしましょう。

「どうしてヒマワリは黄色いの？」

あなたなら、どう答えますか。

慌てて調べて、子どもに正確な情報を伝えるのが正解でしょうか。一緒に百科事典で調べるという方法もありますね。子どもにいったん「なんでだと思う？」と考えさせる親御さんもいるかもしれません。

いずれも間違いではありません。どのリアクションも、子どもにとって大切な学びとなることでしょう。ただし、**その前に親がすべきことがあります。**

それは、「一緒に驚いてあげる」ことです。

実は、子どもがいろんな質問をするのは、その理由を聞くことが一番の目的ではありません。この場合、子どもが本当に伝えたいのは「ヒマワリってすごい黄色！　びっくり！」ということ。まさに、画家のゴッホがヒマワリを観たときのような新鮮な感動を、子どもたちは親に伝えようとしているんですね。

「どうしてチョウチョウは飛ぶの？」も、本当は飛ぶ理由を聞きたいんじゃなくて「チョウチョウって飛んですごい！」という感動を親に伝えているのにほかなりません。

自分が驚いているからこそ、ママやパパにも驚いてほしいんです。だから、まずは質問の背景にある驚きや感動に共感することが大事です。こんな声かけをしてあげましょう。

「ほんとだね！　チョウチョウ飛んでいるね」
「ヒマワリ、きれいだね！」
そうすると、子どもはうれしくなって「もっといろんな感動を伝えよう！」と、より好奇心を持って世界を眺めるようになるはず。**手元が忙しいときでも、驚きのリアクションはすぐにできますからね。その瞬間だけでも、子どもと同じ目線になってみましょう。**

子どもの問いにマニュアル的な対応はNG！

感動や驚きを共有したあと、子どもの質問の答えをどう探るかは、いろいろな方法があると思います。「こうじゃないかなあ」と自分の考えを伝えてもいいし、一緒に調べてもよいでしょう。その時々で、親子で探っていくと楽しいですよね。

教育本のなかには、子どもの質問に対して「すぐに答えを教えない」「自分で考えさせましょう」というノウハウが書かれていたりしますが、私は常にこのようなマニュアル的な対応をすることには疑問を感じます。

もし、自分が子どもの立場ならどうでしょうか。質問するたびに毎回、親から「考えてみようか」「どう思う？」と言われたら、ちょっと面倒くさいですよね。あまり質問しなくなってしまいそうです。

どんな場合でもそうですが、いつもマニュアル通りということではなく、子どもの様子に応じて臨機応変に対応することが大事です。本書では、子どもに対して「できるだけ褒めよう」といった指針は示していますが、具体的に、どんな言葉を使うかは、その場その場で考えてほしいなと思います。表層的な対応は、子どもにも伝わってしまいますからね。

質問に対するリアクションもそれぞれで、いろんなパターンがあってよいと思います。まず一緒に驚いて、感動を受け止めてあげれば、子どもはそれだけでも満足します。親が「どう答えようかな」なんて考えているうちに、自分の考えをどんどん話し出すかもしれません。そんなときは、聞き役に徹してあげればいいし、「本で調べたい」と言えば、図書館や書店に行ってもいいですしね。

子どもは「なんで」「なんで」とやたらと聞いてくる時期があります。**そんなときに、親自身が、子どもの質問にマニュアル的ではなく、人間として素直な感情を示せば、子どもの好奇心はすくすくと育っていくことでしょう。**

A

子どもからの「なんで？」には、まずは素直に驚いて感動を共有しましょう。マニュアル的な対応には気をつけて。

4章の主な登場人物

岡倉天心（おかくら・てんしん）

1863年、貿易商人の父・岡倉勘右衛門と母・岡倉このとの間に、次男として横浜に生まれる。東京帝国大学を卒業後、文部省勤務。フェノロサと日本美術を調査。美術雑誌『国華』を創刊し、東京美術学校第2代校長として、横山大観、下村観山、菱田春草らを育てた。辞職後は、横山大観らを連れて、日本美術院を創設。1年間に及ぶインド旅行に出かけ、この間に『東洋の理想』を英語で執筆し、イギリスで出版される。他の著作にはニューヨークで出版された『THE BOOK OF TEA』(茶の本)など。東洋や日本の美術・文化を欧米に積極的に紹介した。妻の基子との間に一男一女をもうけた。慢性腎臓炎に尿毒症を併発して50歳で死去。

益川敏英（ますかわ・としひで）

1940年、製菓材料の販売店を営む両親のもと、愛知県名古屋市に生まれた。名古屋大学理学部の学生時代に、物質を構成する基本的な粒子「素粒子」の研究をスタート。卒業後に京都大学理学部の助手となると、1973年に同じく助手の小林誠氏とともに、当時はまだ3種類しか発見されていなかった素粒子の一つである「クォーク」が実際には6種類以上存在すると予想した「小林・益川理論」を提唱。2008年のノーベル物理学賞受賞へとつながった。東京大学原子核研究所助教授、京都大学理学部教授、京都産業大学理学部教授などを歴任。退官後は京都大学名誉教授。2001年に文化功労者に選ばれ、2008年には文化勲章を受章した。上顎がんによって80歳で死去。

松本零士（まつもと・れいじ）

1938年、陸軍将校でパイロットの父のもと、福岡県久留米市に生まれる。6歳頃は母の郷里である愛媛県で疎開していた時期もある。9歳で手塚作品と出会い、漫画家を目指す。16歳で商業誌デビューを果たし、少女漫画誌での執筆を経て、少年・青年漫画のジャンルで活躍。独身時代の貧乏生活を描いた『男おいどん』で人気を博すと、『宇宙戦艦ヤマト』『銀河鉄道

999』などが国内外で大ヒットとなった。とりわけ『宇宙戦艦ヤマト』はアニメ映画化され、その後のアニメ・ブームの牽引役となった。2001年に紫綬褒章、2012年に仏芸術文化勲章シュバリエ受章。

5章

親に好きなことを後押しされた天才たち

野口英世／松永安左衛門／上村松篁

「なぜ本を読んではくれぬ」と嘆いた天才の母

子どもには好きなことに打ち込んでもらいたい。だからこそ、夢中になっている子をさらに前進させる言葉がけが何かあるならば、それを実践するのも親の役割かもしれない。

偉人もまた親に後押しされて、好きなことを突き詰めた人物が数多くいる。

福島県猪苗代湖畔の寒村から、一念発起して身を起こしたのは、野口英世である。英世は医師、そして細菌学者として、黄熱病や梅毒の研究を行い、実に三度もノーベル賞の候補に挙げられている。

まさに日本を代表する偉人だが、英世の生まれを考えると、医師になること自体が快挙だった。貧しい農民の家に生まれた英世。母のシカは、こんな家で苦労するくらいなら、と若かりし頃に、女中奉公に飛び出している。その際に、長男である弟に家を継ぐようにと説得しようとしたが、こう言い返された。

「あんな何の希望もない百姓の家には未練はない。姉さんにくれてやる」

シカとしても継ぎたくはなかったが、貧しい家の娘は嫁ぐ先もままならない。20歳のときに奉公先から紹介されて、2歳年上の小桧山佐代助を婿養子に迎えて、結婚。渋々ながらも、野口家を継ぐことになった。この佐代助が英世の父ということになる。
だが、佐代助は酒浸りで、野口家はますます貧しくなっていく。英世が生まれる頃には、田畑は次々に売り払われ、ろくに収穫の見込めない田畑が残るばかりだった。そんななか、シカは一家の大黒柱となって夏は農家を手伝い、冬は重労働の荷運びをして、なんとか日銭を稼いだ。

4月になれば農繁期となり、目が回るほど忙しい。佐代助はといえば、農業を嫌って、奉公に出ている。わずか1歳半の英世のことは、藁で編んだ寝床に寝かせておき、シカは仕事に打ち込むしかなかったが、そんなときに悲劇が起きる。

いつものようにシカが夕方に農作業から戻って、いろりに汁物の鍋をかけた。粗末な食事だが、それでもせめて野菜を入れようとシカは、火をかけたまま、軒先の畑に出かけると、英世がそのいろりに転がり落ちた。

英世の手は焼けただれてしまい、すぐに治療を受けさせたが、異常なかたちで癒着してしまった。左手の親指と中指が手のひらにくっついてしまい、ほかの指も内側に曲がったままで、縮んでしまったのである。

当人はまだ幼いから何が起きたかを理解していない。それだけにシカとしては不憫でならなかっただろう。自分を責めながらも、手を休めている暇はない。過酷な労働のなか、佐代助はあてにならないので、シカは女手一つで英世を育てた。

過酷な状況にあった野口家に、唯一といってよい光が差し込む。英世が数えで8歳のときに小学校に入学すると、成績優秀で、試験でも年長者をも上回る点数を獲得したのである。当時は小学校の教育が厳しく、試験によってどんどん落第させられてしまう。そんななか、英世は落第どころか常に結果を残して、めきめきと頭角を現したのである。

しかし、生活の貧しさから教育面に支障が出ることもあった。家庭の状況が考慮されて授業料こそ免除されたものの、教科書代や学用品代の負担が重くのしかかってくる。

少しでも母を助けようと、英世は川でドジョウを獲って近所に売り歩いたりしたこともあったが、母からはこう叱られてしまう。

「お前は学問をして身を立てねばならぬ。そのためにお母アはつらい働きもしているんだ。ドジョウ売りをする時間に、なぜ本を読んではくれぬ」

これだけ母の思いを受ければ、勉強も熱心にならざるを得ないというものである。弟が生まれたため、その子守もしなければならなくなるなど、困難はあったものの、英世は小学校を優秀な成績で卒業。学問への情熱は教師からも一目を置かれて、猪苗代高等小学校に進学。その後も学問で自分の道を切り開いていく。

親の期待がプレッシャーになることはもちろんある。だが、英世の場合は、学問が好きで得意だったために、母の「なぜ本を読んではくれぬ」という言葉は、自分の進むべき道へ後押しをしてもらった気持ちだったに違いない。

英世はその後も、幾多の金銭的苦難を、大胆な行動で切り抜けていく。借金癖もひどく、周囲に迷惑をかけることもあったが、いつでも応援してくれる人が現れるのは、英世にそれだけ人間的な魅力があったからこそだろう。

「誰よりも三倍、四倍、五倍勉強する者、それが天才だ」

英世はこんな言葉を残しているが、がむしゃらな努力は、いつでも周囲を「ほうってはおけない」という気持ちにさせた。ひたむきな姿勢と逆境につぶされない逞（たくま）しさ。それは、まさに母から受け継いだものだった。

「学問次第で誰でも偉くなれる」という父の言葉に発奮

なんとか田舎から出て成功したい。英世と同じくそんな思いを抱く人物がいた。「電力の鬼」と呼ばれた松永安左エ門である。

長崎県の壱岐島に生まれた安左エ門（幼名は亀之助）。父は地主で運送、酒屋、金融などさまざまな業種を手がける庄屋で、周囲はみな安左エ門が家業を継ぐものだと考えていた。

だが、安左エ門はもっと広い世界を観たいと考えて、いつも仲間内で集まっては「誰が偉くなるか」という話で盛り上がった。家では偉人伝を読み漁ったという。

特に憧れたのは、病弱な身で南アフリカに渡ってダイヤモンド王となったセシル・ローズである。とにかく島を出て、名を揚げたくてたまらない。そんなとき、父の何気なく言った言葉が頭から離れなくなる。

「これからは学問次第では誰でも天子さまの次の位になれるんだ」

長州出身の伊藤博文が内閣総理大臣になった時代でもあり、父はそんなことを口走ったのだが、安左エ門はそれを我が事だと受け取った。そこから夢中になって読んだのは『学問のすゝめ』である。筆者は、慶應義塾の創立者である福沢諭吉。安左エ門は何としてでも慶應に行きたいという思いに駆られる。

だが、そのきっかけとなった父からすれば、息子が上京する後押しなどしたつもりはない。家業を継いでもらわねばと猛反対している。それでも安左エ門の決意は固く、ただちにハンガーストライキを決行。2日、3日もの間、何も食べずに、家族に抗議の姿勢を示したのだ。

これにはまず母が降参し、続いて祖母もお手上げ状態となった。最後には父も「いずれは家業を継ぐこと」を条件に幼い我が子の上京を許した。自分が学問のきっかけをつくってしまった手前もあったのだろう。

安左エ門はこうした持ち前の強引さで、数々の難局を乗り越えていくのだった。

打たれ強い「電力の鬼」

憧れの慶應義塾に入学した安左エ門。不運にもコレラを患い、一時期は島に帰るも、再び上京して慶應に再入学する。もちろん、父母からは地元の中学校に通ってほしいと言われるが、安左エ門は信念を貫いている。

築地の英語学校にも通い始めて、いずれは渡米も視野に入れた安左エ門。どこまでも夢は広がるが、そんなときにかぎって、人生はいつも試練を与える。

父が悪性の腫瘍で病に伏せて他界。17歳だった安左エ門は留学どころか、島に帰って家督を継ぐことになったのだ。

大きい夢は宙ぶらりんになったまま、それでも安左エ門は自分の役割を果たそうとする。新店の経営者となって、これまで主だった酒造業よりも、島の名産品であるスルメや干し鮑（あわび）の販売にシフトするなど商売に明け暮れた。

だが、忙しく過ごすことで本心をごまかそうとしても、心は晴れずに思い悩んだ。

「少年時代に夢を語った仲間はみんなすでに島を出たというのに、俺はまだ島で一体何をやっているんだ」

そんな葛藤があったからだろう。安左エ門は、夜な夜な女遊びにふけるようになる。こんなことではダメだ。その思いがついに大きな決断をさせる。島に帰ってきて3年目のこと。安左エ門は突然、土地だけを残して家業を廃業すると宣言した。

大反対する親戚一同の前で、母が深々と頭を下げた。

「こん子のこた、私がよう知っちょりますけん、どうか好きなごてさせてくれんですか」

安左エ門の現状へのいらだちを傍で観ていた母だからこその言葉である。母の思いを胸に、安左エ門は家業をたたみ、三度目の上京を果たすことになった。

だが、慶應義塾の中退後は、紆余曲折している。日本銀行に就職するも、約1年で辞職。

事業を立ち上げるがうまくいかずに、31歳で破産してしまう。こんなことならば、島で家業を続けたほうがよほどよかったともいえそうだが、そこから、安左エ門は電力事業に進出。起死回生に打って出て、大成功を収めている。

安左エ門はとにかく逆境に強かった。64歳のときには、官僚が軍部と結託して電力の国有化を目論んでいることに激怒し、「官僚は人間の屑(くず)だ」と暴言を吐いた。すべての役職から外されるものの、74歳でカムバックを果たして、電力会社の再編を主導している。

さらに、安左エ門は電力の需要が高まることを見通して、国民の反対を押し切り、電気料金の大幅な値上げを敢行。安左エ門の自宅には脅迫状が舞い込んできて、しまいには自分を悪玉にした劇が公開されるほど国民からとことん嫌われたが、全くひるまずに、部下にこう檄(げき)を飛ばした。

「憎まれ役はわしが一切引き受けるから、頑張れ」

大ブーイングのなか、三度に分けて当初の予定通り電気料金の値上げに踏み切った。結果的には、この電力の値上げによって、各地では十分な設備投資が行われ、大規模な電源開発を急ピッチで進めることができた。

戦後の日本が経済大国へと発展する大きな力となるインフラを整備した安左エ門は、88

歳の米寿の祝賀会でこんな歌を詠んでいる。

「生きているうちに鬼といわれても　死んで仏となりて返さん」

どれだけ叩かれても己を見失うことがなかった安左エ門。人生の転機で母が言ってくれた言葉通りに、自分の好きなことに命を燃やして、95年の人生を生き切った。

「好きなことに打ち込むのが一番だ」と伝える

好きなことに没頭しているのに、周囲が思わぬ障害として立ちはだかることもある。日本画家の上村松篁（しょうこう）は夜半まで写生に夢中になっていると、祖母からとがめられてしまう。もちろん、孫の身体を心配したがゆえだが、母はこう言ったという。

「好きなようにさせたげたらよろし。やりたい時にやってはるんやから、ええやないか」

母もまた日本画家だったため、自分も「好きなことに打ち込みたい」という気持ちがよく理解できたのだろう。

松篁はそんな母の言葉に励まされながら、現代の「花鳥画」の最高峰といわれる日本画を描くまでに、鍛錬を重ねていく。画への一途（いちず）な思いは、息子の上村淳之（あつし）にも引き継がれ、親子孫三代にわたって日本画の名作を残している。

やはり子どもの気持ちを尊重するのが一番だということだろう。だが、一方で、親目線だからこそ我が子のポテンシャルに気づいたならば、何か後押しくらいはしたいもの。

親野先生、どんな声かけをしたらいいいですかね？

教えて！親野先生

Q

子どもの好きなことを後押しするには、親は何をするべきですか？

没頭が脳を活性化させる

好きなことややりたいことに打ち込んでいるとき、脳内にドーパミンという神経伝達物質が放出されることはよく知られています。

ドーパミンは記憶を司る海馬、恐怖など原始的な情動に関与する扁桃体、集中力を司る前頭前野など、脳のさまざまな場所に作用します。そして、ドーパミンの分泌は、βエンドルフィンという快楽物質の放出にもつながり、ドーパミンの効果を持続させてくれます。

子どもが夢中になっているときは、ドーパミンとエンドルフィンが放出されている状態だといってよいでしょう。

つまり、好きなことに夢中になっていると、脳によい効果をもたらすということです。ですから、例えば、幼児がアンパンマンに夢中になって頭を使っているとき、脳の中で非常に良いことが起こっているのです。

また、熱中しているときは、非認知能力が向上することもわかっています。非認知能力とは、テストなどで数値化できる認知能力以外の内面的なスキルのことをいいます。例えば、「意欲にあふれている」「目標を定めて取り組むことができる」「周囲との円滑なコミュニケーション」といった能力のことです。

さらに好きなことに打ち込むと、自然と得意になっていきますから、自信につながっていきます。自己肯定感が上がることで、好きなこと以外にも挑戦しようという気にもなって、積極性が育まれてくる。「毎朝起きるのが楽しい！」といった状態ですね。

どんなことであっても、子どもが熱中すること自体が、子どもの能力を伸ばしていきます。親はそれを後押しするような言葉がけをすることが大切です。

すそ野が広い「富士山型知識」を目指そう

講演先で、ある建築士さんの話を聞いたことがあります。

その建築士さんは、子どもの頃、上杉謙信の学習漫画を読んですっかりハマったことをきっかけに、武田信玄や織田信長など戦国大名に夢中になったそうです。図鑑や歴史書も読むようになって、気づけば戦国大名の戦術や交友関係まで、全部覚えてしまった。そこから戦国武将が拠点としたお城へと関心が移っていきます。いわゆる「城郭マニア」と呼ばれるほど知識をつけていくと、城の石垣へと関心が絞られていったそうです。

すると、今度は日本から飛び出して、中国の「万里の長城」やマヤ文明の遺跡、ピラミッドなどの石の積み方までを調査するようになり、建築物そのものに惹かれていったんです。そこから「建築士になりたい」という夢を持って、彼は邁進（まいしん）していきます。勉強はあまり好きではなかったそうですが、一級建築士の資格を取得することに成功します。好きのパワー以外の何物でもないですよね。

おそらく、好きなことに夢中になっているうちに、脳のスペックが上がったのでしょう。そして、芋づる式に興味を持ったことを調べていくうちに「一級建築士に合格する」という思わぬ場所にたどりついてしまった。この学習スタイルは、文部科学省の学習指導要領に沿って学習をしていく教科書的な勉強とはまるで異なるフィールドです。

私は教科書的な勉強のことを「高層ビル型学力」といっています。これは来るべき受験に向けて、無駄なく知識を積み上げられていくような学力のことです。

一方で、戦国武将に夢中になり、城マニアとなった場合は、無駄な知識だらけなわけです。私はこれを「富士山型学力」と呼んでおり、すそ野がとにかく広い。役に立つかどうかはわからないけれども、みんなが知らないような知識をたくさん持っている。こういう学習を積んでいる人は、アイデアの引き出しが豊富です。つまりは「発想力」に長けているということです。

どちらが社会に出たときに役立つのか。もちろん、両方がベストですが、どちらかといえば、「富士山型学力」を持つ人材が、組織の中では重宝されるのではないでしょうか。特に現代は先行きが不透明で将来の予測が難しい時代です。無駄のない知識よりも豊かな発想力がこれまで以上に求められてくるでしょう。

親としては、子どもの「富士山型学力」を伸ばすべく、その子の「好き」を応援するサポーターになってください。

くれぐれも「監督」にならないように注意してください。「こうしなきゃダメ」「ああしなさい」では、子どもの「好き」のスイッチは入らず、脳も活性化しません。

どうしても大人は、我が子を思うからこそ「何か将来のためになることを得てほしい」と考えてしまいがちです。でも結果を急いではいけません。

子どもが何かに夢中になっている――。

その状態がすでにゴールであり、あとはそれが持続するような声かけや、環境づくりをやってあげてください。無駄を一緒に楽しむ……そんな親の懐の深さこそが、才能の芽を摘むことなく、子どもの個性を伸ばすことにつながっていきます。

A

「監督」ではなく
「サポーター」に徹しましょう。

5章の主な登場人物

野口英世（のぐち・ひでよ）

1876年、父・野口佐代助と母・シカのもと、農家の長男として福島県の耶麻郡猪苗代町に生まれる。1歳半のときに左手に大やけどを負い、手術を受けたことをきっかけに医学の道を志した。医術開業試験を受験するために上京を果たし、高山歯科医学院の血脇守之助の援助を受ける。20歳の若さで医師免許を取得。東京で高山歯科医学院、順天堂医院、伝染病研究所に勤務したのち、渡米を決意。アメリカのロックフェラー医学研究所に勤め、梅毒スピロヘータの純粋培養に成功したことでその名を世界に轟かせる。また黄熱病の病原体を特定することにも成功。野口ワクチンにより、南米での黄熱病が収束され、エクアドル軍の名誉大佐に任命される。三度ノーベル医学賞の候補にも名が挙がった。1928年、西アフリカで黄熱病の研究中に感染。51歳で死去。

松永安左エ門（まつなが・やすざえもん）

1875年、壱岐島に生まれる。「安左エ門」の名は父の名を襲名したもので、幼名は亀之助という。庄屋だった父親が急逝すると松永は17歳で後を継ぐが、2年後には事業を人手に渡して上京。慶應義塾を中退後は日本銀行勤務を経て「福松商会」を起業し、石炭商として活躍する。明治末期から九州で電気事業の経営に携わり、1922年からは20年にわたって大手電力会社東邦電力を主宰。太平洋戦争下ではいったん実業界から退くも、戦後の占領下で電気事業再編成審議会会長として再起。電気事業再編成を主導して九電力体制への再編を推進。その強硬な姿勢から「電力の鬼」の異名をとった。95歳で死去。美術品収集家、茶人としても知られ、「耳庵」の号を持つ。

上村松篁（うえむら・しょうこう）

1902年、日本画家であった上村松園の長男として京都市内に生まれる。京都市立絵画専門学校に入学するとともに西山翠嶂に師事。在学中に第3回帝展で初入選を果たす。1948年、奥村厚一、秋野不矩、福田豊四郎、吉岡堅二、山本丘人らとともに創造美術協会を結成。アトリエに大規模な禽舎を設置して、1000羽を超える鳥を飼育しながら、「星五位」「燦雨」など近代的な構成を持つ新しい花鳥画世界を作り出した。創作のかたわら、母校で後進の指導にあたり、それらの功績から1958年に文化功労者となり、翌年には、母子二代での受章となる文化勲章を受章した。2001年、心不全により死去。息子の上村淳之も日本画家として活躍している。

6章

結果を急がずじっくり取り組んだ天才たち

カエサル／ダーウィン／

嘉納治五郎／美空ひばり／宮本常一

「好き」のパワーはじわじわ人生に効く

何者かになりたい。そんな思いが強すぎると、つい焦ってしまいがちだ。著名人の経歴をみて、若い頃に大きな仕事を成し遂げていると、「自分は何をやっているのだろう」と、いたたまれない気持ちになることもあるだろう。

ローマ最大の英雄、ガイウス・ユリウス・カエサルでさえも、そんな焦燥感を抱いていた。31歳のとき、カエサルはアレクサンドロス大王の伝記を読むと、涙を流して、友人にこう語った。

「アレクサンドロスが世界を制覇した歳になったのに、自分は何ひとつやっていないではないか」

このときのカエサルといえば、財務官を務めていたが、自分を着飾るためや、出世するための浪費に終始して、借金を重ねる始末。アレクサンドロス大王どころか、同時代を生きるポンペイウスやキケロのほうが名声を獲得しており、カエサルは遅れをとっていた。

そんな30代の頃は無名だったカエサルも40歳になると、三頭政治家の一角を担うまでに台頭。その後はガリア戦争で連戦連勝を重ねて、帝政ローマ帝国の礎を築くことになる。

世界に名を刻む英雄でさえも、無名な頃は、自身が進む先に明るい未来があるのかどうか、不安と戦いながら、日々を邁進していたのである。

『種の起源』を出版して進化論を唱えたチャールズ・ダーウィンのように、自分の道が定まるまでに時間を要することもある。

ダーウィンは幼少期から、野山を駆け回るのがなにより好きな子どもだった。また、封筒のシール、コイン、鉱物などを集めるという収集癖があり、この時点で博物学者としての将来の活躍を予感させるが、当時、親にとっても、本人にとってもこれらはただの遊びに過ぎず、仕事になるとは微塵も思っていなかったことだろう。

8歳で小学校に入学した時は「妹よりも物覚えがずっと遅い」と周囲に呆れられたと、自伝で明かしている。

そんなダーウィンも、父が開業医だったために、その跡継ぎとなるべく、エジンバラ医学校へと進学する。入学までの休みの日には、父の助手を務めて、患者の問診や薬の調合をこなして、父から褒められた。よい医者になってくれると、父も大いに期待し、本人もそのつもりだったようだ。

だが、医学校に入ってからのダーウィンは劣等生そのものだった。実習で待っていたのは、父の手伝いだけでは遭遇することのなかった外科手術の現場である。その残酷さから、ダーウィンは実習室から逃げ出してしまい、医学への興味をなくしてしまう。

一向に勉学に励む様子のない息子を見かねて、父は、病院を継がせるのを断念。ケンブリッジ大学の神学部へと入学し直させて、せめて牧師になってもらおうと考えた。

だが、またしてもダーウィンは父の期待を裏切ることになる。講義は欠席しがちで、落第生の道へとまっしぐらだった。のちにこう振り返っている。

「なんといっても、カブトムシの収集ほど、私がケンブリッジで熱中し、楽しみにしていたことはない」

ダーウィンにとって興味があることとは、自然のなかで息づく動植物を収集することしかなかった。そんなダーウィンの才能を開花させたのは、博物学のヘンズロー教授である。植物学、昆虫学、化学、鉱物学、地質学などに精通したヘンズローの講義に、ダーウィンはたちまち心をつかまれた。ようやく教育の場で、自分の「好き」が刺激されることになったのだ。

そして、恩師ヘンズローの推薦によって、海軍の調査船ビーグル号での世界一周旅行に参加することになる。ダーウィンは、南アメリカ大陸沿岸や南太平洋諸島をめぐりながら、各地の地質や動植物を丹念に観察。帰国後には、8冊の野外観察ノートと、4冊の動物学日誌、13冊の地質学日誌を書き上げていた。

なかでもダーウィンは、ガラパゴス諸島の鳥や爬虫類が、島によって異なる特徴を持つことに着目する。世界を驚かせる『種の起源』の概要を書き上げたのは、33歳のときのことであった。

親からしてみれば、いつも心配をかけてばかりのダメ息子だったのに、野山で遊んでいたことが、まさか世界を驚かせる偉業につながるとは、思いもしなかっただろう。

だが、父親なりに、ビーグル号での世界一周旅行は何か一つのターニングポイントになる、という予感はあったらしい。船旅を終えてたくましくなった息子に、ダーウィンの父は、こんなユニークな言葉をかけている。

「おや、こいつ頭の形がすっかり変わってしまった」

自ら人生を拓こうとしている息子への父なりの賛辞だろう。ダーウィンは、幼少の頃から地道に続けてきた自然観察によって、人生を大きく飛躍させることに成功したのだ。

屈辱をきっかけに人生の目標をつかむ

「息子のやりたいことが理解できなかった」という意味では、「柔道の父」「日本体育の父」と呼ばれる嘉納治五郎の父もダーウィンの父も同じだった。

治五郎は、酒造、廻船業を営む嘉納家の三男として生まれる。全国にある取引先を飛び回る父は家を空けがちだったが、子どもの教育には熱心だった。儒学者を家庭教師に招いて、書道や漢字、「四書五経」の素読を治五郎に習わせている。

そんな父の期待に応えるように、治五郎は勉学に打ち込み、11歳のときに、明治政府に招聘された父について上京。2年後に私塾「育英義塾」に入学して寄宿舎生活を送る。

私塾ではトップクラスの成績を収めた治五郎だが、そのことで先輩に目をつけられてしまう。ある日、勉強していると、先輩たちに無理やりに連れ出されて、「相撲の稽古」と称して、何度も投げられては、地面にたたきつけられた。屈辱のなかで、治五郎は勉強だけしていてはいけないと、柔術に関心を持つようになる。

その後、官立外国語学校を経て、官立開成学校に進学した治五郎。１８７７年に、東京大学へと改称されると、文学部へ進学し、哲学や英文学など幅広く学問を身につけた。

だが、忘れられないのが、理不尽な先輩たちに投げられた日々のこと。治五郎は父に柔術の師匠を紹介してほしいと頼むも、「勉学に励みなさい」と反対されてしまう。

諦めきれずに、自ら柔術の道場を回った治五郎。天神真楊(しんよう)流柔術の福田八之助のもとに弟子入りすることを決意する。

父は渋々ながらも稽古を認めて、こう言ったという。

「いったんやりだしたら、どこまでもやらなければだめだ」

これまで反対してきた父の言葉だけに、治五郎も気が引き締まったに違いない。その後、師匠を亡くすという悲劇に見舞われると、治五郎は道場を引き継ぎ、指導者としても活動することになる。

大学卒業が近づくと、大蔵省への職のあっせんを持ちかけられるも、それを断って、22歳のときには、新しい柔術の道場「講道館」を開設。日本古来の柔術を「柔道」へと進化させることになる。

まさに、父から言われた通り、自ら親の反対を押し切ってまでやりだした柔術を、とことんやり続けて、新しい柔道という境地にたどりついたのである。

歌謡界の女王が抱いた憂鬱

とはいえ、結果が出るまで地道に続けることは、簡単なことではない。その過程では、自信をなくしてしまうこともあるだろう。そんなときこそ「親の言葉」が重要となる。

歌手の美空ひばりは3歳の頃から歌を歌うのが好きで、4歳から大人の歌を歌うようになった。その歌唱力は、近所で「歌がうまい子がいる」と噂されるほどだった。

9歳で楽団の一員として初舞台を踏んだのち、横浜国際劇場の支配人の推薦によって、大きな舞台出演を重ね、たちまち人気を博するようになった。

その後は舞台、映画と活躍の場を広げた、美空ひばり。だが、ファンが増えると、アンチも増えるのはいつの時代も同じ。美空ひばりが自分の歌を持っていないことから、「ものまね」と批判する声が本人に届き始めた。

美空ひばりとしても、やはり自分の歌を歌いたい。しかし、同年代の童謡歌手とは、まるで違う声質のため、大人の歌しか歌うことができなかった。それでも「人のまねではなく、自分の歌を歌いたい」と母に無理を言うと、こんなふうに言われたという。

「ひばりちゃん、あせっちゃいけないわ、あなたを〝ものまね〟だなんていう方もいるけど、よろこんできいてくださるファンの方もいるのよ」

やがて転機が訪れる。美空ひばりが出演する映画『踊る龍宮城』の挿入歌として、作曲家の浅井挙曄（あさいたかあき）が美空ひばりのために「河童ブギウギ」を作曲。デビューを果たした美空ひばりはその後、ヒットを連発して、歌謡界の女王として名を馳せることになる。

壁にぶつかったときこそ、日頃から支えてくれている人がいることを忘れてはならない。自分を応援してくれる人よりも、批判する人の声に耳を傾けてしまうと、本質を見失ってしまう。

楽観でも悲観でもなく、冷静な視点を子に与える。そんな役割を、美空ひばりの母は果たしたといえるだろう。

むしろ「ゆっくり」が望ましい

「歩く学者」と言われる民俗学者の宮本常一（みやもとつねいち）には、忘れられない父の言葉があった。

学校を卒業後、大阪の郵便局に勤務した常一は、天満にあるホームレスがいる集落を訪ね歩くうちに、民俗学へと関心を持ち始める。郵便局を辞職して教師になったあとも、赴任先であちこちを歩いては、各地の民話や伝説を聞いて回ったという。

その後、肺結核を患って療養生活に入った常一。なかなか自分の道が定まらないなか、父からは常々こんな言葉をかけられたという。

「先をいそぐことはない。あとからゆっくりついていけ。それでも人の見のこしたことは多く、やらねばならぬ仕事が多い」

体調が回復して教師に復帰後、この父の言葉をかみしめることになる。

常一は、大阪で開かれた会合で、民俗学者の渋沢敬三と出会い、渋沢が主宰するアチック・ミューゼアムへ入所。民俗学者として、日本列島をひたすら歩くという旅に出ている。そして、日本各地の民間伝承を克明に調査した名著『忘れられた日本人』を書き上げることとなった。

定収入がないなかで、常一が活動を続けられたのは、「いそぐことはない。あとからゆっくりついていけ」という父の言葉が心に刻まれていたからだった。

常一の父の言葉は、我が子がなかなか結果が出ずに焦っていれば、すぐに使えそうだ。逆にかけるべきではない言葉や、励ますときに注意すべきこともあるのだろうか。親子関係だからこそ陥りやすいワナについて、親野先生の考えを聞いてみよう。

教えて！親野先生

Q 結果が出なくて落ち込んでいるときに、どう励ませばよいですか？

目標が高いからこそ苦しい

子どもががんばっているのになかなか結果が出ないとき、親はどんな声かけができるのでしょうか。

まず、結果が出なくて苦しんでいるのは、子どもがより上を目指そうとしているからこそ、といえます。本編でのカエサルは、アレクサンドロス大王と比べて、劣等感を持っているわけですよね。そんな大人物と自分を比較していること自体が、自分の人生に大きな期待を持っている証拠といえます。

上を目指している限りは、必ず壁にぶつかって苦しみます。だから「結果が出ないのは、つらいよね。でも、それだけ難しいことに挑戦しているということだと思うよ」と伝えてあげるとよいと思います。

「絶望するにも才能がいる」と言ったのは、文芸評論家の小林秀雄ですが、上り坂が一番しんどいように、苦難こそが人生を鍛えます。

子どもが悩んでいる今の状態を、まずは受け入れて、肯定してあげるようにしてください。親自身が苦しんだ経験があれば、話してあげるのもよいでしょう。ただし、励ます前に共感することを忘れずに。

親という生き物は、気がつくと、子どもに説教してしまいがちです。もし、自分がつらいときに、上から目線で何か言われても、心には響きませんよね。

まずは、しっかりと寄り添って共感すること。特に結果が出なくて落ち込んでいるときは、本人が一番しんどいということを忘れずに、心の距離をできるだけ近づけるようにしましょう。

親自身が結果を急がないこと

本編のダーウィンの話も非常に興味深いです。お父さんが開業医だったので、レールを敷きますが、全くうまくいかずに、最後は息子、ダーウィンの生き方をお父さんは受け入れます。

ノーベル医学・生理学賞を受賞した山中伸弥教授も似ていますよね。手術が下手で邪魔だったために同僚から「ジャマナカ」と呼ばれていました。その邪魔な人が快挙を成し遂げるわけですから、人生はわかりませんよね。

「大器晩成」というとてもよい言葉があるにもかかわらず、私たちはしばしばそれを忘れがちです。今の人生が良くも悪くもずっと続くだろうと、心のどこかで思ってしまっているのですね。

でも実際には、突然、悲劇に見舞われることもあれば、本人も想像がつかないような飛躍を遂げることがあります。

子どもががんばっていても結果が出ないときの親のとるべきスタンスは、民俗学者の宮本常一さんのお父さんの次の言葉に集約されているように思います。

「あとからゆっくりいけ」

親はつい、子どもを急いで育てようとしてしまいます。自分の後悔を子どもにはさせたくない、とも思います。その後悔があるからこそ、今の人生があるということが見えなくなってしまうんですね。

私は幼児教育を否定しませんが、過度な早期教育には弊害があると考えています。子どもの成長には、オリジナルペースがあります。その子に合わせて成長があり、親はそれを見守りながら、良いところを伸ばしてあげる。サポーターでいてあげてほしい、と繰り返し強調しておきたいと思います。

ファーブルが『昆虫記』を書き始めたのは50歳半ばを過ぎてからです。日本地図を作った伊能忠敬も、婿養子に入って伊能家を立て直して長男に譲ってから、江戸で天文学を始めたのは51歳でした。そこから、また新しい人生が送れるわけです。

もしかしたら、親が子どもの早期教育に熱を上げるのは、親自身が安心したいという気持ちが無意識にあるのかもしれません。

しかし、子どもの人生は子どものものであり、それぞれのペースで自分らしい生き方をしてもらえれば、本来はそれで十分なはず。親ができることは、その土台づくりでしかないのです。

土台づくりは地道で根気がいります。そのうえ、結果は自分が生きているうちに見られないかもしれない。でも、まぎれもなく、その子の親にしかできない、大切な役割です。

子どもが結果が出なくて落ち込んでいるとき、大切なのは親自身が急がないこと。そして、子どもにこの先の人生は長く、可能性に満ちていることを伝えてあげてください。

A

落ち込んでいるのは、
向上心の表れ。
励ます前に共感を。

6章の主な登場人物

ガイウス・ユリウス・カエサル

紀元前100年、父・大カエサルのもと、ローマに生まれる。英語読みの「シーザー」としても知られる。名門の出身ながら、平民派を地盤として政界で地位を築いていく。前60年ポンペイウス・クラッススと結ぶと、元老院を抑えて三頭政治家のなかで頭角を現す。ガリア地方総督となり、ガリア戦争を開始して連戦連勝を飾る。内乱状態に陥ると、カエサルはルビコン川を渡って元老院側を撃破。ローマ内戦を終結させ、貧民の救済、商工業の奨励、太陽暦（ユリウス暦）の採用などに尽力。紀元前44年に終身独裁官に就任。権力が集中したために反感を買い、元老院の議場内でブルータスにより暗殺される。『ガリア戦記』『内乱記』などの著作を残す。享年56歳。

チャールズ・ダーウィン

1809年、開業医の父・ロバートと母・スザンヌのもと、6人兄弟の5番目、次男としてイングランドのシュロップシャー州で生まれる。8歳で母を病気で亡くす。父の期待のもと、医者を目指すべくエジンバラ医学校に入学するも中退。聖職者になるためにケンブリッジ大学に入学し、植物学の教授ジョン・ヘンズローの勧めで海軍の調査船ビーグル号に博物学者として乗り込み、5年間の世界一周旅行に参加。帰国後、「ダーウィンの進化論」と呼ばれる『種の起源』を発表。宗教界から反発を受けるも多くの読者の心をつかみ、名声を一気に高めた。ケンブリッジ大学から名誉博士号を授けられる。心臓発作により73歳で死去。10人の子どもに恵まれて子煩悩だった。

嘉納治五郎（かのう・じごろう）

1860年、廻船業者の父・嘉納治郎作と母・定子のもと、三男として兵庫県に生まれる。幼少期から父の英才教育を受けて育つ。東京大学卒業後、学習院教授、第一高等中学校校長、東京高等師範学校校長などを歴任。その一方で、学生時代より柔術を学び、各流派を総合改良して柔道を創始。1882年、講道館を創設して館長となると、生涯にわたって柔道の研究と普及に努めた。アジア初の国際オリンピック委員会委員に就任したほか、大日本体育協会の設立、日本へのオリンピック招致運動など広く体育・スポーツの振興に貢献した。1921年、貴族院勅選議員。77歳で死去。三男五女の計8人の子どもに恵まれた。

美空ひばり（みそら・ひばり）

1937年、魚屋の父・加藤増吉と母・喜美枝のもと、神奈川県横浜市に生まれた。9歳で初舞台を踏む。天才少女歌手として評判を呼び、1949年に「河童ブギウギ」でレコードデビューを果たす。レコーディング曲数は1500曲以上にもおよび、「悲しき口笛」「東京キッド」「リンゴ追分」「港町十三番地」「柔」「悲しい酒」「おまえに惚れた」「愛燦燦（あいさんさん）」「みだれ髪」「川の流れのように」など数多くのヒット曲を放って、日本歌謡界の第一線で活躍し続けた。特発性間質性肺炎の悪化による呼吸不全により52歳で死去。没後、女性初の国民栄誉賞を受賞した。

宮本常一（みやもと・つねいち）

1907年、父・善十郎と母・マチのもと、長男として、山口県周防大島の貧しい農家に生まれる。大阪府立天王寺師範学校専攻科地理学専攻卒業後、中学校教員歴任のかたわら近畿民俗学会で活躍する。柳田国男や渋沢敬三に認められて1939年に上京を果たす。渋沢の主宰するアチック・ミューゼアム（現・神奈川大学日本常民文化研究所）の研究所員として、全国各地を調査。在野の民俗学者として日本の津々浦々を歩いて、独特の民俗学を確立。『忘れられた日本人』など多数の著作を残した。胃がんにより73歳で死去。長男の宮本千晴は『宮本常一とあるいた昭和の日本』で監修を務めている。

7章

親の言葉で自信を培った天才たち

一休宗純／アンドリュー・カーネギー／

ビル・ゲイツ／ヴィクトル・ユゴー／長嶋茂雄

一休を自由奔放にした母の言葉

子どもはだんだんと親元を離れて、社会性を身につけていく。

それは裏を返せば、生まれてから物心がつくまでは、親だけが〝絶対的他者〟だということを意味している。その時期に、親が子どもにどんな言葉をかけるのかは、非常に重要だといえるだろう。

「一休さん」として知られる、室町時代の禅僧、一休宗純(いっきゅうそうじゅん)は6歳にして母親から引き離されている。その理由は、一休の生い立ちと関係していた。

一休が生まれる2年前まで、朝廷は南北朝に分かれていたが、1392年に南北朝は統一。それぞれの天皇に仕える女官たちの行き来が始まり、南朝の後亀山天皇に仕えていた一休の母は、北朝の後小松天皇のもとに仕えることになった。

やがて、二人は恋に落ち、生まれたのが一休だったとされている。つまり、その説をとるならば、一休は後小松天皇のご落胤(らくいん)ということになる。

一休の誕生は、まさに南北朝統一の象徴ともいえる出来事だが、事はそう単純ではない。統一とは名ばかりで、実際のところは、3代将軍の足利義満が主導し、南朝が北朝に吸収

郵 便 は が き

料金受取人払郵便

新宿北局承認

8890

差出有効期間
2023年 7 月
31日まで
切手を貼らずに
お出しください。

169-8790

154

東京都新宿区
高田馬場2-16-11
高田馬場216ビル 5 F

サンマーク出版愛読者係行

ご 住 所	〒　　　　　　　　　　都道府県	
フリガナ		☎
お 名 前		(　　　)
電子メールアドレス		

ご記入されたご住所、お名前、メールアドレスなどは企画の参考、企画用アンケートの依頼、および商品情報の案内の目的にのみ使用するもので、他の目的では使用いたしません。
尚、下記をご希望の方には無料で郵送いたしますので、□欄に✓印を記入し投函して下さい。
□サンマーク出版発行図書目録

1 お買い求めいただいた本の名。

2 本書をお読みになった感想。

3 お買い求めになった書店名。

市・区・郡　　　　町・村　　　　書店

4 本書をお買い求めになった動機は?

・書店で見て　　・人にすすめられて
・新聞広告を見て（朝日・読売・毎日・日経・その他＝　　　　）
・雑誌広告を見て（掲載誌＝　　　　）
・その他（　　　　）

ご購読ありがとうございます。今後の出版物の参考とさせていただきますので、上記のアンケートにお答えください。**抽選で毎月10名の方に図書カード（1000円分）をお送りします。** なお、ご記入いただいた個人情報以外のデータは編集資料の他、広告に使用させていただく場合がございます。

5 下記、ご記入お願いします。

ご職業	1 会社員（業種　　　　）2 自営業（業種　　　　） 3 公務員（職種　　　　）4 学生（中・高・高専・大・専門・院） 5 主婦　　　　6 その他（　　　　）		
性別	男 ・ 女	年齢	歳

ホームページ http://www.sunmark.co.jp　　ご協力ありがとうございました。

される形での合一だった。一休の母は「実は南朝のスパイで、天皇の命を狙っている」とまで揶揄(やゆ)された。

嵯峨(さが)の田舎で暮らさざるを得なくなった一休の母。せめて息子は……と一休を京の寺に預けることにしたのである。

一休の母は、身が引きちぎられるような思いだったに違いない。別れの日に、一休の母は一休に手紙をしたためている。

そのなかにあったのが、こんな言葉である。

「釈迦(しゃか)や達磨(だるま)をも見くだすほどの人になれば、俗世でも苦しくはないでしょう」

離れ離れになった母と子。また会える日を夢見たに違いないが、それは叶わなかった。一休の母はそれからしばらくして他界。この言葉が、母の遺言となる。

漢詩と書の勉強に励み、寺での修行に精を出した一休。17歳のときには、清貧の暮らしをしている謙翁(けんおう)に弟子入りを果たし、やがて戒律に縛られることのない、自由な生き方を追求することになる。

風狂――。常識の枠から出ようと、奇想天外な言動を繰り返した一休は、自らをそう呼び、不真面目なことを一生かけて大真面目に行っている。

その自由な精神は、母の「釈迦や達磨をも見くだす人になれ」という強烈なメッセージに裏打ちされていたのである。

鉄鋼王へと羽ばたかせた父の言葉

アメリカで鉄鋼王として名を馳せるアンドリュー・カーネギーもまた苦労人である。カーネギーは、もともとスコットランドの生まれだったが、産業革命によって機織り職人だった父の仕事が減ってしまう。父は職を求めて、家族とともにアメリカに移住している。

だが、アメリカに渡ってからも、生活の厳しさは変わらず、両親ががむしゃらに働くなか、カーネギーもわずか13歳で、紡績工場での糸巻きの仕事を行って家計を助けた。やがて、電信局で配達夫として働くようになる。

あるとき、カーネギーが派遣されている街に、父が自分で織ったテーブル掛けを売るためにやってくるという。心躍らせたカーネギーが波止場へ会いに行くと、父はお金がないために船室もとらずに、三等客として甲板に座っていたことを知り、衝撃を受ける。

「このような立派な人が、なぜこんな旅をしなければならないのだろう」

社会でどんな扱いを受けようと、家族のために身を粉にして働く父への尊敬は、高まることはあっても損なわれることはなかった。

思わずカーネギーは父にこんな言葉をかけている。

「でもね、お父さん、お母さんとお父さんがご自分の馬車を乗り回す日も、そう遠くはないんですよ」

子が親を励ます言葉を発することもある、という好例だろう。一方、父のほうはというと、内向的で、恥ずかしがり屋。特に身内である子どもを褒めることは、しつけに反すると考えていたのか、めったになかったという。

だが、そんな父も息子にこんな言葉をかけられては、感情が揺さぶられずにはいられなかった。父は息子の手をとって、真正面から見つめて低い声でこうささやいた。

「アンドラ、わしは、お前を誇りとしているんだよ」

そのとき、父の頬には涙が一筋伝っていたのだという。

カーネギーはその後、ペンシルバニア鉄道で勤務しながら、製鉄事業への投資で才覚を発揮。28歳の頃には年収の二十倍近くの金額を投資によって稼いで、実業界でその名を広く知られるようになる。

33歳からは会社経営に乗り出し、鉄鋼王として巨万の富を獲得する。成功の道をひた走ったカーネギーだが、あの日に父から言ってもらった言葉を忘れることはなかった。

自伝でこう振り返っている。

「父のことばは私の耳に残って、長い年月にわたって私の心を温めてくれた。私たち親子はよく理解し合っていた」

我が子の才に贈る言葉

息子と父が互いにリスペクトし合っていたという点では、マイクロソフトの創業者であるビル・ゲイツと、その父もそうだった。

ビル・ゲイツは、弁護士の父と銀行家の母という比較的裕福な家に生まれた。幼少期から利発で、自宅にあった百科事典を10歳までに読破している。

シアトルにある私立学校でコンピューターについて学び、13歳でプログラミングを始めた。このときに、マイクロソフト共同創業者となるポール・アレン氏との出会いを果たす。

2歳年上のポールと意気投合したゲイツ。ハーバード大学で法律を学ぶも、プログラミングの学習のような魅力を感じることはできずに中退。ポールに連絡して再会すると、小さなコンピューターソフトウェアの会社を立ち上げることになる。

アメリカのコンピューター皇帝——。そんな異名を持つほど、世界的な成功を収めたビル・ゲイツ。大学を中退して起業するのは、大きなリスクがあったことは言うまでもないが、応援してくれたのが、父のゲイツ・シニアである。

父はゲイツが起業してからも法律面でサポートし、よく相談に乗っていたという。また、父は慈善家として活動しており、そのこともゲイツに大きな影響を与えている。

「勤勉さ、誠実さ、謙虚さの素晴らしい手本です」

父のことをそう評するゲイツ自身も、世界的な成功を収めてもなお、謙虚な姿勢を失うことはなかった。父もゲイツのことを誇りに思っており、我が子が50歳を迎えたときに、手紙でこんな言葉を綴っている。

「きみの父親であるという経験は……とてつもないことだ」

もちろん、ゲイツのように下積み時代から親に支えられたケースばかりではない。一体、なぜそんなことに打ち込んでいるのか、最初は理解できなかったが、のちに我が子の才能に気づく場合もある。

詩人のヴィクトル・ユゴーの場合は、自分の創作活動を父になかなか理解してもらえなかった。父はユゴーに軍人になってもらいたかったのだ。父の反対を受けながらも、ユゴーは、フランスの大文豪シャトーブリアンの名を引き合いに出し、詩のノートにこんな決意を密に綴った。

「シャトーブリアンになるのでなければ、何にもなりたくない」

しかし、ユゴーが詩作を続けて評価を得るうちに、父も息子のことを認めるようになる。そしてあるとき、父が自分の詩を読んでこう言ってくれたことを、ユゴーは生涯、心に刻んでいる。

「お前はヴォージュの最高峰でつくられた。はじめから高い空の何かだ」

当初は詩人としての息子の活動を認めなかった父だが、息子に贈ったこの賛辞を読めば、詩人としての才はむしろ父から受け継いだのではないか、とさえ思えてくる。

父との最期の約束を守ったミスター

親のちょっとした気遣いが子どもの心に残ることもある。

「ミスター・ジャイアンツ」の愛称を持つ長嶋茂雄は、巨人に入団後は背番号3を背負い、不動の4番打者として、ファンたちを熱狂させた。

兄の影響で野球を始めたのは、小学4年生のときのことだ。高校時代はほぼ無名だったものの、高校最後の大会地区予選で勝ち進み、高校で唯一放った特大ホームランで、スカウトの度肝を抜いた。

その試合をこっそり観に来ていた父親から、長嶋はこんな言葉をかけられたという。

「シゲのきょうのホームラン、えらく大きかったな」

褒められたこと自体ももちろんだったが、大事な試合で息子が緊張しないように、応援団席から離れた外野席の隅っこで観ていたことにも長嶋は心を打たれた。のちにこう振り返っている。

「こまやかに気を配るおやじだった」

長嶋は野球部推薦入学のセレクションに合格し、立教大学に入学するが、1年生のときに、父が亡くなる。臨終の際に、父は最期にこう言い残した。

「茂雄。野球をやるなら、日本一のプロ野球選手になれ……」

この言葉から、長嶋茂雄の本当の野球人生が始まったといってもいいだろう。日本一になるべく邁進した永遠の野球少年、長嶋茂雄。観る者の記憶に残る、戦後最大の国民的ヒーローとして、多くの人々に勇気と希望を与え続けた。

親ならば誰もが、子どもの人生が幸せであることを願う。自信を持って、自分らしい道を進んでもらうためには、どんな声をかけるべきか。

何でも親野先生が言うには「子どもを幸せにする5つの言葉」があるとか。早速、教えてもらうことにしよう。

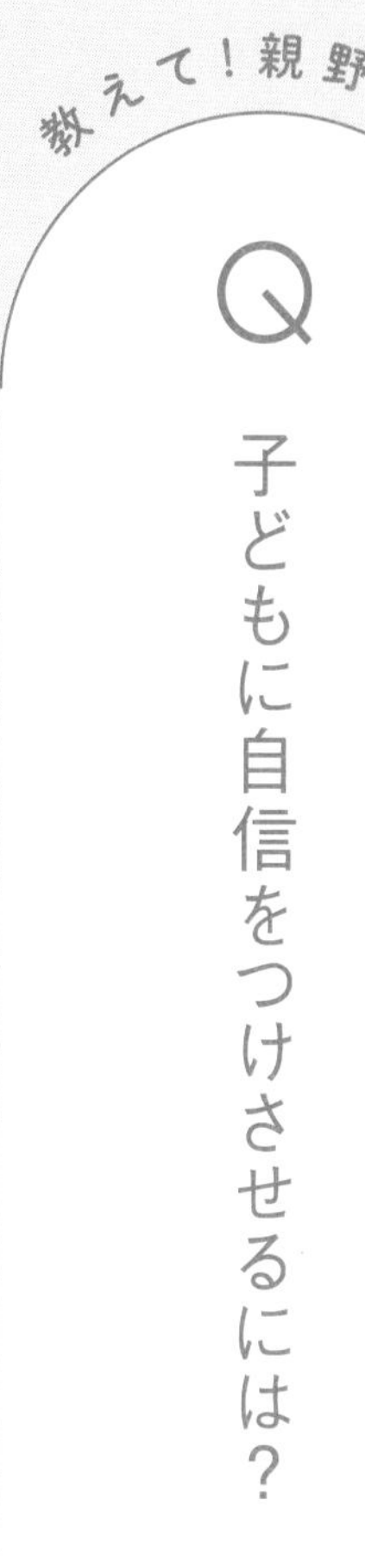

母親の口癖のおかげで、今、自分がある

子どもに自信をつけさせるには、親自身の口癖に気をつけましょう。親の言葉は、子どもの自己イメージを形成しますからね。

母親の言葉で支えられた人の話をしたいと思います。40代でイベント会社を経営している人なのですが、子どもの頃はとにかく勉強ができませんでした。5教科すべて苦手で、運動も音楽も周囲にいつも遅れてしまう。図工の粘土が得意だったくらいで、ほかは軒並みダメだったそうです。

そのうえ、忘れ物が多くて、整理整頓さえもできない。給食を食べるのも遅く、一人で居残りで食べさせられていました。友達もあまりできなかったそうです。

それでも彼は「自分はダメだ」「頭が悪い」と思ったことは一度もなかった、と振り返ります。確かに、ごくまれに周囲の目に全く動じない人がいますよね。他者評価がどうあれ、確固たる自己評価を持っている。まさに彼はそういうタイプだったわけです。

なぜ、そんなに自信が持てたのか。本人に尋ねたところ、感動的な答えが返ってきました。お母さんからいつも、

「あなたは大物になる」

「きっと立派になる」

と、子どもの頃に常に聞かされていたからだそうです。

そのおかげで、どれだけ厳しい現実に直面しても「自分は大丈夫だ」「自分はやれる」と漠然とした自信を持つことができたというのです。すごいお母さんですよね。

その後、高校1年生の後半くらいから、だんだん勉強が楽しくなってきて、英語、国語、社会と文系科目から成績が良くなっていきました。高校3年にもなれば、試験のたびに成

績が上がって、その高校の卒業生としては快挙となる、国立大学に合格します。

その後は、地元の商社に就職して、10年後に独立。起業となれば、当然、周囲は心配しますが、本人に不安はなく自信に満ちていたそうです。その結果、今となっては年商何億という会社の経営者として活躍しています。

まさにサクセスストーリーですが、本人はこんなふうに振り返っています。

「母親の口癖のおかげで、今の自分があります」

誰が見ても劣等生だった彼を唯一、認めてくれたのが、母親でした。もし、母親が「お前はほんとにダメだね」と言っていたならば、彼の将来は全く違っていたかもしれません。

前向きな親の言葉は、人生で挑戦するために何よりも大切な「自己肯定感」を子どもに育むことになります。

子どもを幸せにする5つの言葉

親の言葉が子どもの人格形成に与える影響は、とてつもなく大きいです。子どもを幸せにする言葉を5つ紹介したいと思います。

「がんばってるね」

もしかしたら、親や先生から見たときに、子どもはサボっているように見えるときがあるかもしれません。それでも、子ども自身はいつだって一生懸命です。その子なりにがんばっているということを、せめて親は認めてあげてください。

「大変だね」

大人でもそうですが、大変さをわかってもらえると、うれしい気持ちになりますよね。毎日、子どもなりに苦労があります。家では親に叱られたり、学校では先生に注意されたり、兄弟でケンカをしたり、習い事にはライバルがいたり……。大人にとっては大したことでなくても、子どもには大きなストレスとなっていることが珍しくありません。

大人は見過ごしがちですが、子どもは毎日、新しいことを学んでいます。だからこそ「大変だね」という言葉がけをすることで「ああ、わかってくれているんだ」と、子どもは実感できて、さらにがんばるエネルギーが湧き出てきます。

「ありがとう」

育児は苦労が多いですから、つい親は大変さばかりに意識がいってしまいます。しかし、そもそも自分を親にしてくれたのは、子どもですよね。

「親として生きる」というのは、人生の得難い経験です。親自身も大きく成長します。そんな経験をさせてくれた、子どもに感謝するという発想もあっていいと思います。

そんな気持ちでいれば、ちょっとしたことをやってくれたときに、自然と「ありがとう」という言葉が出るはず。親からの「ありがとう」は何度言われても、子どもはうれしいものです。小さなことでも「ありがとう」を伝えましょう。

「助かるよ」

先の「ありがとう」と似ていますが、お手伝いをしてくれたときに「偉いね」よりも「助かるよ」と言われたほうが、子どもはうれしく思います。「大好きなお母さんやお父さんの役に立っている」と実感できるからです。子どもの自己存在感が高まる言葉がけです。

「大好きだよ」

一番うれしい言葉は、やっぱりこれです。なかなか言いづらいですけれどね。手紙や交換日記、あるいはＬＩＮＥなどでなら伝えやすいかもしれません。

または、こんな言い回しでもいいと思いますよ。

「私たちの宝物だよ」

「生まれてきてくれてありがとう」

「一緒にいられてうれしい」

「あなたといると毎日が幸せだよ」

無条件にまるごと相手を肯定する言葉は、いつまでも子どもの心に残ります。あっという間に大きくなり親から離れていきますから、そばで一緒に生活しているうちに、たくさんの愛情を言葉にして伝えてください。

A
存在をまるごと肯定するような言葉をかけてあげましょう。

7章の主な登場人物

一休宗純（いっきゅう・そうじゅん）

1394年、京都に生まれる。後小松天皇のご落胤と言われ、幼少で出家。6歳で京都の安国寺の像外集鑑に入門した後、謙翁宗為、華叟宗曇の弟子を経て、華叟より「一休」の道号を授かる。その後、応仁の乱を挟んで転々としながら、大徳寺の住持に就任。臨済宗大徳寺派の禅僧でありながら、戒律や形式にとらわれず、詩・狂歌・書画と風狂の生活を送った。後世では「屏風（びょうぶ）の虎」「このはしわたるべからず」など「とんちの一休さん」として有名になる。著作に「自戒集」「狂雲集」「一休骸骨」など。88歳で死去。

アンドリュー・カーネギー

1835年、手織り職人の父・ウィルソンと母・マーガレットのもと、長男としてスコットランドに生まれる。一家でアメリカに渡るが、父が事業に失敗したため、12歳にして木綿工場で働いた。鉄道会社に勤務しながら、製鉄事業への投資で才覚を発揮。アメリカで初めてベッセマー製鋼法を導入した。ピッツバーグに最新式の製鉄工場を完成させて、1899年にはアメリカの鉄鋼生産の約25％を支配。「鉄鋼王」として名を馳せた。引退後は巨額の寄付を行い、カーネギー・メロン大学、カーネギー・ホールなどを建設。世界に2811ヶ所の図書館を残した。気管支肺炎により83歳で死去。一人娘には母親にちなんでマーガレットと名づけた。

ビル・ゲイツ

1955年、ワシントン州シアトルに生まれる。13歳で初めてプログラミングを行い、シアトルの地でコンピューターの虜となる。ハーバード大学在学中に、友人ポール・アレンとアルテア用ＳＡＳＩＣ言語を作成。19歳のときに2人でマイクロソフト社を創立し、事業に専念するため、大学を中退した。ＯＳ市場のほとんどのシェアを牛耳るＷｉｎｄｏｗｓを開発すると、世界有数の大富豪として、米経済誌『フォーブス』による世界長者番付の常連となる。2014年にマイクロソフト会長を退任。熱心な慈善家でもあり、開発途上国でのマラリア撲滅やエイズ対策に巨額の寄付金を拠出している。

ヴィクトル・ユゴー

1802年、軍人の父・ジョゼフと母・ソフィーのもと、三男としてフランス東部のブザンソンで生まれる。若くして文才を認められて、20歳にしてロマン派の旗手として活躍。ルイ・ナポレオンの帝政樹立クーデターに反対して国外追放される。19年にわたる亡命生活のなかで、『静観詩集』『レ・ミゼラブル』などの傑作を完成させた。帰国後も創作を続け、83歳で死去すると、盛大な国葬が営まれている。私生活では、20歳のときに結婚したアデルと4人の子どもをもうけるが、妻が友人と不貞を犯して深い傷を負い、その後は女優ジュリエット・ドルーエと生涯をともにした。

長嶋茂雄（ながしま・しげお）

1936年、父・利と母・チヨのもと、4人兄弟の末っ子として、千葉県印旛郡臼井町（現・千葉県佐倉市）の農家に生まれる。立教大学在学中に東京六大学野球にホームラン8本の記録をつくった。1958年に巨人軍に入団。その年の新人王、本塁打王、打点王を獲得し、1974年に引退するまで、勝負強いバッティングと華麗な守備を披露。「ミスター・ジャイアンツ」として国民的人気を得た。巨人軍終身名誉監督として、2005年には文化功労者に選ばれ、2013年には国民栄誉賞を受賞。二男二女をもうけて、長男の長嶋一茂は元プロ野球選手のタレント、次女の長島三奈はスポーツキャスター、次男の長島正興は元レーシングドライバー、環境活動家として活躍中。

8章

天才の思いやりを育んだ親の背中

宮沢賢治／カント／升田幸三

人のために生きることの大切さを伝えた賢治の母

思いやりのある子に育ってほしい――。

親としてはそう思うものの、どんなふうに育むべきなのか、なかなか見えづらいのが「思いやり」である。他人への思いやりにあふれた言葉を、親からかけられた偉人たちのエピソードを紹介することにしよう。

『雨ニモマケズ』『銀河鉄道の夜』などの代表作で知られる、童話作家の宮沢賢治。農学校の教師として教鞭（きょうべん）をとりながら、創作活動を行った。

今でこそ、教科書にも掲載されている宮沢作品だが、彼の作品が評価されたのは死後のことで、生前に刊行したのは、自費出版の2冊だけ。それも高く評価されることはなかった。

それでも賢治は自分の人生に悔いはなかったのではないかと思う。賢治は小学5年生のとき、父に将来について尋ねられて、こう答えたという。

「むやみに偉くならなくてもよい」

自分だけがよければよい、という考えが賢治には少しもなかった。いつも心には自己犠性と利他の精神があり、それは宮沢賢治の作品に共通したテーマでもある。

賢治の優しい性格はエピソードに事欠かない。

伊藤賢勇はのちに花巻病院事務長を務めるが、賢治の同級生であり、こんな思い出を語っている。

ある日、伊藤が学校に赤シャツを着て来たことで、クラスのみんなにからかわれてしまう。一人が騒ぎ出したことで、どんどん嘲る声が広がっていき、同級生たちが伊藤をぐるりと輪で取り囲んだ。

すると、見かねた賢治が、その輪の中に飛び込んでいって、みんなにこう頼んだという。

「おれも赤シャツきてくるから。な、いじめるならおれをいじめてくれ」

みんなはバツが悪くなって、からかうのをやめたという。

また、いたずらをした生徒が罰として廊下に立たされた。手には、水を入れたお茶碗を持たされていたという。姿勢を崩さずにまっすぐに立っていろ、ということだ。

だが、賢治はそれが気の毒で、教員室に行くために教室の外に出たときに、その茶碗の水をごくごく飲み干してしまい、「ひどいだろう。たいへんだろう」と同情している。

また、こんなこともあった。みんなで夢中になってメンコをしていると、1枚が飛び跳ねて、それを一人が追いかけたところ、運悪く荷馬車に手をひかれてしまった。

その子が悲鳴を上げると、賢治はすぐさま駆け寄った。ボタボタと血が出る指には泥もついていたが、賢治は構わず「いたかべ、いたかべ」と言いながら、その血を口で吸ってあげたのだと言われている。

そんな賢治の性格を形づくったのは、母のイチである。いつも明るく家族を支えたイチは、気の毒な人に尽くすのが常の、慈悲深い女性だった。

子どもたちにいつも言っていたのがこの言葉である。

「人というものは、人のために何かしてあげるために生まれてきたんだよ」

農学校の教師としても、いつも熱心に生徒を指導した賢治。不良生徒にも声を荒らげることなく、いつも冷静に話を聞いた。生徒にタバコをやめさせようと、人体への害をよく聞かせたこともあったという。

自分がほかの人のためにできることは何だろうか——。

そう考えた賢治は、教師を退職後は、私塾「羅須地人協会」を立ち上げて、生産技術を指導。病を患って37歳の若さで亡くなるが、その前日まで病床で農家の相談に乗っていたという。思いやり深い賢治のそばには、いつも母の心があった。

壮大なイメージを与えたカントの母

ドイツを代表する哲学者、イマヌエル・カントは、『純粋理性批判』『実践理性批判』『判断力批判』の三批判書を発表し、批判哲学を提唱した。

大学卒業後に家庭教師を経て私講師（非常勤講師）となり、46歳のときにケーニヒスベルク大学から哲学教授として招聘されている。

とにかく生真面目なカントは、72歳で引退するまで、休講はおろか遅刻することすら一度もなかった。それだけではない。カントは何の変哲もない日常を愛し、毎日のルーティンを厳守した。起床時間から食事や入浴、散歩の時間。起床時のパジャマを脱ぐ手順すらも決まっていた。

カントは、生涯を通じてケーニヒスベルクの町から一歩も出なかったという。一番の楽しみは、友人を招いて一緒に食べる昼飯である。話術に長けて明るい性格だったカント。他人の話を引き出すのがうまく、いつも場を盛り上げていたという。

他人への思いやりが深かったカントには、こんなエピソードがある。

召使いがワイングラスを割ってしまうと、召使いにガラスの破片を盆に集めさせ、知人が食事を終えると、カント自ら農具のクワを持ちガラス片を埋められる場所を探した。ところが埋める場所がなかなか決まらない。周囲が「ここはどうでしょう」と言っても、カントはこう言うばかりだった。

「ここではいつ誰が怪我をするかわからない」

考えに考え抜いてようやく埋める場所を決めると、カントは地中深くまでガラス片を埋めたという。

そんな優しすぎる性格は、父母の両方から受け継いだものだ。父は革具職人で、革具屋と馬具屋がケンカし始めたならば、両者の言い分を丁寧に聞いて、納得できる落としどころを探った。

また母も幼少期のカントに、何度もこんな言葉を投げかけている。

「夜空に輝く星々や、野に咲く花々も、すべて神がお創りになったのよ」

人には思いやりを持ち、自然を大切にする。それだけで十分、人は幸せになれることを、カントは両親から学び、それを実践した。カントはこんなタイトルの論文を書いたこともある。

「全体は最善である。そしていっさいは全部のために善い」

常にそこには相手の存在がある

我が子に思いやり深い大人に育ってほしいならば、親がまずそうでなければならない。将棋棋士の升田幸三は母カツノの言葉にハッとさせられている。

升田幸三といえば、「名人」「王将」「九段」と将棋史上初の全冠制覇を成し遂げたことで知られているが、ただ将棋が強かっただけではない。升田は常に新しい手を模索し、「魅せる将棋」を意識し続けた。

モットーは「新手一生」。既成の概念をぶちこわす将棋で盛り上げたが、升田自身も型破りな性格で、数々の伝説を残している。

有名なのは、GHQとのエピソードだ。プロ棋士として名を馳せていた升田はある日、GHQから呼び出される。何でも将棋について聞きたいという。

当時、GHQは日本をいかに非軍事化するかに心を砕いていた。剣道や柔道などの武術はもちろん、歌舞伎やチャンバラ映画など、たとえ娯楽であっても戦いをイメージさせるものは、排除しようと考えていた。そんな観点に立てば、将棋も自分の王を守りながら、相手の王を攻め落とそうとする、まさに戦争を想起させるゲームだ。GHQは聴き取りの結果次第では、将棋も禁止する必要があると考えていた。

「われわれのたしなむチェスと違って、日本の将棋は、取った相手の駒を自分の兵隊として使用する。これは捕虜の虐待であり、人道に反するものではないか」

升田がGHQ本部に出向くと、軍服を着た高官たちが、そう迫ってきた。升田はすぐさまこう反論している。

「冗談をいわれては困る。チェスで取った駒をつかわんのこそ、捕虜の虐殺である」

さらに升田はこう畳みかけている。

「そこへ行くと日本の将棋は、捕虜を虐待も虐殺もしない。つねに全部の駒が生きておる。これは能力を尊重し、それぞれに働き場所を与えようという思想である。しかも、敵から味方に移ってきても、金は金、飛車なら飛車と、元の官位のままで仕事させる。これこそ本当の民主主義ではないか」

将棋を愛するだけあり、一本筋が通っている。だが、長セリフがゆえに、通訳するのにも時間がかかる。升田はその間、ビールをぐびぐび飲み続けて、酔っぱらってしまう。こう食ってかかっている。

「お前らは日本をどうするつもりなんだ。生かすのか殺すのか、はっきりしてくれ。生かすなら、日本将棋にならって人材を登用するがいい。殺すというなら、オレは一人になっても抵抗する。日本が負けたのは、武器がなかったせいだ。オレはよその飛行機を分捕ってきて、お前らの陣地に突っ込んでやる」

升田は5〜6時間もしゃべり続けると「もうよい」と言われて、解放されている。そのときに、こんな言葉をかけられたという。

「お前は日本人には珍しくものごとをはっきり言う男だ」

GHQをも驚かせた升田の豪胆さは、将棋棋士を目指した時点からすでに現れていた。

母カツノは、子どもが将棋に夢中になっているのは知りながらも、棋士になることには反対だった。夫が博打好きで苦労しているため、勝負事自体が好きではなかったのだ。

ならばと、升田は15歳のときに家出を決意。そのときに、母への書置きとしてモノサシの裏に、こんな目標を書いた。

「この幸三、名人に香車を引いて勝ったら大阪に行く」

まだ将棋を本格的に始めたばかりにもかかわらず、名人を相手にして「香車落ち」で挑んで、打ち勝つことを目標にしていたのである。ただ勝つだけではなく、ハンデをつけて勝利するというのだから、ただ事ではない。誰もが失笑するような目標だった。

しかし、それから24年の月日が経った1956年（昭和31年）1月、升田は、大山名人相手にして、その快挙を実現させる。

升田は、その知らせを母のもとへ届ける。喜んでもらえると思ったが、母は意外な言葉を口にした。

「勝ったお前はええが、相手の人が気の毒のような気がする」

母カツノは息子の快挙を手放しに喜ぶことなく、負けた相手の気持ちを第一に考えた。病に伏せがちだった母は、それから一年後に他界することになる。

升田は晩年にインタビューで「人生とは何か」と問われて、こう答えている。

「人生というのは話し合いだと思う。将棋も指したり、指されたり。これも話し合いですね。話し合いがないということは、人生から外れておる」

人生には常に他者がいる。その他者と思いを交わすことが大切だ。いつも他人を慮（おもんぱか）った母から、升田が学んだことである。

他人の気持ちを思いやることの大切さ。そのことを子どもにどう伝えるとよいのか。もう少し具体的なところを、親野先生に尋ねてみようではないか。

教えて！親野先生

Q
思いやりのある子どもに育ってほしいんですが、どうすればいいですか？

親がまず思いやりを持つ

思いやりのある優しい子に育ってほしい――。

そんな願いを多くの親が抱いていることでしょう。そのためには、親自身がまず子どもを思いやることが大切です。

当たり前だと思うかもしれませんが、親としては「しつけをしなきゃ」「教えなきゃ」という思いがどうしても先に立ってしまいがちです。子どもが苦手なことやできないことがあっても、自立のためには手伝ったりしてはいけないという意見もありますが、私は賛成できません。

子どもだけでできないことがあれば、手伝って一緒にやってあげる。それこそが「思いやり」ではないでしょうか。

親がきちんと子どもを思いやれば、親子関係も良くなり、友達が困っていれば、自然と手を貸せるような、思いやりのある子に育っていくことでしょう。

「手伝ってはいけない」という誤解

それでも、親としては「すぐに手を貸すのは、その子のためにならないのではないか」という思いがありますよね。一つの研究結果を紹介しましょう。

内田伸子先生（十文字学園女子大学特任教授）は、ある幼稚園を1年間にわたって継続的に観察調査しました。2つの組の先生が全く別のタイプの先生で、子どもたちにそれぞれ異なる対応をしていたのですが、1年後に意外な結果が出たんです。

1組の先生は、例えばボタンがはめられない子がいたら手伝ってあげたりなど、していました。つまり、子どもの甘えを受け入れてあげたんですね。

一方、2組の先生は、「幼稚園生なのだから、自分のことは自分でやりましょう」と、手伝うことはしなかったそうです。

その結果、1年ほど経った頃には、手伝ってもらえた1組の子どもたちのほうが、自立度合いが上がっていろいろなことができるようになっていました。なぜ、このような差が生まれたのでしょうか？

手伝ってもらうなど甘えを受け入れてもらえたことで、子どもはその先生のことを信頼しますし大好きにもなります。そして、「大好きな先生に、自分ができるところを見せたい」という気持ちも出てきます。

また、手伝ってもらいながらでもできるようになると、自己肯定感が高まります。それで「自分はできる」と思えるようになって、実際にだんだんできるようになっていくのです。

ということで、子どもができないことは叱るのではなく、手伝ったりやってあげたりしながらでいいので、ゆっくりと成長を待つようにしましょう。そうすれば、自分のペースで着実に自立できますし、思いやりの心も育ちます。

思いやりのある行動を見逃さずに褒める

子どもが思いやりのある行動をとったときに、その都度、きちんと褒めることも大切です。つい、親は当たり前の行動だと見逃しがちですが、日々の日常生活に必ず、その子どもの優しさがみられるはずですからね。

例えば「兄弟に優しくした」といった何気ないことでもよいので、思いやりのある言動をとったときは、声をかけてあげましょう。

「ありがとう。お兄ちゃんもうれしいと思うよ」

「よく気がつくね、優しいね」

「ママ、忙しかったから助かるよ」

何も長々と褒める必要はなくて、ほんのひと言でよいので、気がついたら褒めるようにしましょう。

どうしても、親は「よくない行動があれば、叱る」というほうがメインになりがちです。それは全く逆で、よくない行動はスルーしてもよいくらいです。子どもですから、そんなにいつもきちんとできませんからね。

それよりも、褒めるポイントを見逃さないことのほうが何倍も大切で、意味があります。子どもの行動に価値をつけてあげるのです。

この「価値づけ」こそが、親が最優先してやるべきことです。小さな思いやりを親が承認すれば、子どもは自然と親切な行動をとるようになります。

A

親がまず子を思いやる気持ちを持ちましょう。「褒めポイント」を見逃さないで。

8章の主な登場人物

宮沢賢治（みやざわ・けんじ）

1896年、質屋や古着商を営む父・宮澤政次郎と母・イチのもと、長男として岩手県稗貫郡花巻町で生まれる。盛岡高等農林学校卒業後、花巻農学校の教師として教鞭をとりながら、多くの詩や童話の創作を行う。教え子との交流を通じ岩手県農民の現実を知り、退職後は羅須地人協会を開き、青年たちへの農業の指導に打ち込んだ。農民の生活向上を目指して東奔西走するが、過労により肺結核が悪化して、37歳で死去。代表作に『雨ニモマケズ』、『風の又三郎』、『銀河鉄道の夜』『注文の多い料理店』など。作品の大半は作者の死後に、実弟の宮沢清六や、草野心平、谷川徹三らの尽力で世に伝えられることとなった。

イマヌエル・カント

1724年、馬具職人の父・ヨーハンと母・アンナのもと、第4子としてドイツで生まれた。ケーニヒスベルク大学を卒業後、家庭教師などをしながら執筆活動を行う。46歳のときにケーニヒスベルク大学から哲学教授として招聘され、哲学・地理学・自然学・人間学などを担当する。『純粋理性批判』『実践理性批判』『判断力批判』の三批判書を発表し、批判哲学を提唱。晩年にはケーニヒスベルク大学総長を務めた。79歳で死去。最期の言葉は「これでよい（Es ist Gut）」だったと言われている。

升田幸三（ますだ・こうぞう）

1918年、父・栄一と母・カツノのもと四男として、広島県に生まれる。日本一の将棋指しを目指して、15歳で家を飛び出す。飲食店やクリーニング店でのアルバイトを経て、大阪の木見金治郎八段の門下生となる。同門の先輩には大野源一、後輩には終生のライバルとなる大山康晴がいた。「名人」「王将」「九段」と将棋史上初の全冠制覇を成し遂げる。常に新しい手を模索し、「魅せる将棋」を意識し続けた。心不全により73歳で死去。

9章

親の言葉で感情をコントロールした天才たち

鈴木貫太郎／濱田庄司／藤山寛美

終戦を託されたリーダーが心に刻んだ言葉

怒りっぽく、すぐにイライラする……。そんな感情的な我が子を心配する親もいることだろう。

子どもが成長していく過程で、どうしてもうまくいかないことが出てくる。困難に直面したとき、感情が乱されるのは、向上心の表れかもしれない。

とはいえ、あまりに感情的だと集団生活のなかで、うまくやっていけるのか、また、これから立ちはだかる幾多の困難を無事に乗り越えられるのかと、不安が尽きないのもまた、親としては当然だろう。

感情をコントロールする術を、幼少期から伝え、成功した偉人の親もいるので紹介したい。

「日本人ほど平和を愛する人間は世界にいない」

時は1918年（大正7年）、第一次世界大戦が終わり、日本が太平洋の島々に影響力を持つと、日米関係に緊張感が高まる。そんななか、海軍中将になった鈴木貫太郎（すずきかんたろう）はサンフランシスコ市長に招かれた歓迎会でこのように述べ、次のように続けた。

「日本は300年間、一兵も動かさず、平和を楽しんでいた。今日の日米関係は険悪で、日米もし戦わば、という声も両国から上がっているが、日米は戦ってはいけない」

会場から万雷の拍手を受けた貫太郎。そんな願いも空しく、日米は太平洋戦争で激突する。日本の敗戦が濃厚になるなかで、貫太郎は首相を任されることになる。

「軍人は政治に関与すべきではない」

そんなポリシーを持つ貫太郎は天皇に辞退の意向を伝えるも、こう説得されて引き受けている。

「頼むから、どうか曲げて承知してもらいたい」

天皇がそれほど差し迫っていた理由が、貫太郎には理解できた。もはや日本はこれ以上、戦えない。これからはいかに戦争を終わらせるか。そのかじ取りをしなければならない。貫太郎はいわば、昭和天皇から終戦内閣を託されたリーダーということになる。

貫太郎には、ずっと心に留めている父の言葉があった。小学生の頃、群馬県庁に勤める父と一緒に家を出ると、何を思ったのか、唐突に父からこんなことを言われた。

「人間は怒るものではないよ。怒るのは自分の根性が足りないからだ。短気は損気ということがある。怒ってすることは成功しない。皆自分の損になるばかりだよ」

父からすれば何気なく言ったひと言のようだったが、これが貫太郎にとっては、将来の自分をつくる土台となった。寛容さが大切だと考えた貫太郎は、敵国に対してさえ、温かいまなざしを向けることになる。

終戦内閣を任された貫太郎。組閣の直後に、アメリカのルーズベルト大統領が病没したというニュースが飛び込んできた。

そのとき、貫太郎が述べた弔辞が物議をかもすことになる。

「アメリカ側が今日、優勢であることについては、ルーズベルト大統領の指導力が非常に有効であって、それが原因であることを認めなければならない。であるから私は、ルーズベルト大統領の逝去がアメリカ国民にとって、非常なる損失であることがよく理解できる。ここに私の深甚なる弔意をアメリカ国民に表明する次第である」

敵国の大統領に対する言葉とは思えない、温かい弔辞である。これに不満を抱いた青年将校たちが押しかけてくると、貫太郎はこんなふうに述べた。

「古来、日本精神の一つに、敵を愛すということがある。私もまた、その精神に則ったまでです」

一方で、貫太郎のメッセージに対して、青年将校たちとは全く別の意味で、衝撃を受けた人物がいた。ドイツの小説家トーマス・マンである。ルーズベルトの訃報に対して、自国のヒトラーが、こんなふうに述べていたからだ。

「ルーズベルトはこの戦争を第二次世界大戦に拡大した扇動者であり、さらに、最大の対立者であるボルシェビキ・ソビエトを強固にした愚かな大統領として、歴史に残る人物であろう」

死者になってもなお、罵詈（ばり）雑言を浴びせるヒトラー。日本の貫太郎に比べて、リーダーとしての器がまるで違うと、トーマス・マンは深く絶望したという。

トーマス・マンは、祖国ドイツのラジオでこんなふうに述べている。

「東洋の国・日本には、今なお騎士道が存在し、人間の品性に対する感覚が存する。今なお死に対する畏敬の念と、偉大なる者に対する畏敬の念が存する。これが日独両国の大きな違いでありましょう」

ポツダム宣言を受諾し、日本を終戦へと導いた貫太郎。総辞職した日には、陸軍大尉らに命を狙われている。

誰もやりたがらない汚れ役をまっとうできたのは、父からの言葉を受けて、決して感情に流されることがなかったからだった。

母におしゃべりをたしなめられた人間国宝

濱田庄司は第1回の重要無形文化財保持者（人間国宝）に認定された、日本を代表する陶芸家である。益子へ窯を据え、実用性を重視した作品を多く残し、益子焼を世に広めた。「用の美」を追求した、民芸運動の推進者でもある。

濱田は、中学生のときに母を亡くした。亡くなる直前に、濱田は母からこんな言葉を言われている。

「わたしからお前に一つ心配がある。お前は男にしては、おしゃべりがすぎる。慢心してはいけません」

男らしさや女らしさというのは、もはや時代遅れの概念となりつつあるが、母は話好きな我が子に慢心をみたようである。濱田は事あるごとに、この母の言葉を思い出し、決して自分の実力を過信することのないように戒めたという。

26歳のときに、イギリス人陶芸家、バーナード・リーチに誘われて、渡米。その後益子に移住し、生涯をかけて陶芸に打ち込んだ濱田。こんな言葉を残した。

「私はロクロを引くのが一番楽しみです。ほかは二の次三の次でもいいのです」

「人間教育」に重きを置いた喜劇役者の母

喜劇役者、藤山寛美（かんび）は俳優、藤山秋美（しゅうび）の末っ子として生まれるが、父は3歳のときに病死。その遺志を継ぐべく、4歳で初舞台を踏み、名子役として戦前の舞台で活躍する。やがて喜劇に目覚めて、喜劇役者として名を馳せていく。

寛美は、母からよくこんな言葉をかけられたという。

「勉強よりも人間教育を先に習え」

大学を卒業したところで偉くなるとは限らない。そう考えていた寛美の母は、むしろ人としてどうふるまうべきか。とどのつまり人間教育こそ重要だと考えていた。

そんな母の教育があったからだろう。寛美はいつも自分にこう問いかけるようになる。

「喜劇だからといって笑わせるだけでいいのか」

自問自答しながら、寛美は新たな挑戦にも何度となく取り組んだ。

「喜劇の原点は即席にある」として、30本以上の台本を覚えたうえで、当日に会場のお客さんに投票してもらい、演目を決めるという前代未聞のリクエスト公演に臨んだこともある。そうかと思えば、楽屋に寝泊まりしながら、20年以上にわたって毎日舞台に立ち続け、

２４４カ月連続公演記録を樹立している。

まさに日本が誇る喜劇王と呼ぶのがふさわしい足跡を残した、藤山寛美。こんなことも言っている。

「人と人との間にいるから人間なんですよね。だから、自分だけだったら人。人間になろうと思ったら人と人との間を保たなければならない。だから間について、ああだこうだ、と舞台で笑いを混ぜて、言わせてもらっている」

人間はどうあるべきなのか――。

かつて母から投げかけられた疑問に答えを出すため、寛美は喜劇の道をひた走ったのだった。


感情を制御して、人間としていかにあるべきか――。

我が子にそんな教えを行っていた偉人の親たちを紹介したが、どうしても諭すような言葉になってしまいがちで、心に響くかどうかは、子どもの個性によるところも大きいように思う。子どもの感情を落ち着かせるために、誰でもすぐに実践できるリラックス方法を、親野先生に教えてもらうとしよう。

教えて！親野先生

Q

子どもがすぐに感情的になるので困っています。

「物語」を読むことでメタ認知ができる

子どもは、自分の思い通りにいかないと、感情的になってしまうことがあります。親からすれば「そんなことで……」と感じるようなことでも、子どもにとっては重大であることが珍しくありません。

成長に応じて、自然と感情をコントロールできるようになりますが、個人差があります。いつまでも子どもみたいに感情をむき出しにする大人もいますからね。そうはなってほしくないと思うのは、親として当然でしょう。

感情的になっているとき、人は自分の身にふりかかったことしか見えていません。冷静さを失って近視眼的になっているからです。その視野を広げるには、自分を客観視することが重要になります。

自分の置かれている状況を客観視できるようになるために、よいトレーニングになるのが「物語を読む」ことです。物語には状況設定があり、登場人物それぞれに譲れない思いがあり、葛藤を抱えていたりしますよね。物語に没頭すれば、主人公と同じ目線になって、人間関係のなかで揺れ動く感情を追体験することができます。

そうすると、いろんな立場の人の気持ちやさまざまな状況への対応力が、自然と身についていきます。絵本、童話、アニメ、映画、児童文学……何でもよいので、物語にできるだけたくさん触れることで、自分の感情に振り回されることが少なくなり、他者性を身につけていきます。

「こういうことを言われると、言われたほうは悲しくなるんだな」

「困っているとき助けてもらえると、こんなにうれしい気持ちになるんだな」

このように人の気持ちが理解できるようになります。それは、つまり、他者の気持ちや感情が理解できるようになるということであり、それが「思いやり」につながります。

そして、同時に、自分の気持ちや感情を理解する力もつきます。

「俺は、こういうふうに言われて、嫌な思いをしているな」

「私は今、イライラしているな」

そんなふうに、自分の感情をメタ認知することができます。**いわゆる「もう一人の自分が、上から現実の自分を見ている」という状態ですね。そうなると、心乱されることがあっても、怒りに飲み込まれなくなります。**

メタ認知の効用は、怒りを抑えられるだけではありません。疲労を感じたり、集中力が落ちていると思ったら、「自分は今疲れているな。あと5分だけがんばるか」「もう限界だから休もう」というふうに、自分にとってよりよい行動を選択できるようになります。

スキンシップによる「オキシトシン」効果

上手に感情のコントロールができる子どもに育てるために、物語に触れるほかに、私がおすすめしていることがあります。それは〝バカ騒ぎ〟です。

いわゆる、親子のじゃれ合いです。くすぐり合いでも、取っ組み合いでも、足相撲でも何でもよいです。大騒ぎしながら、笑い合うことが実はとても大切です。

親子でスキンシップをとると「オキシトシン」という幸せホルモンが分泌されます。オキシトシンは、気持ちを安らかにして、幸福感を高めてくれます。バカ騒ぎはスキンシップであると同時に、脳のなかの扁桃体という人間の感情を司る部位を活性化させます。そして、大騒ぎしたあとは自然に静かになります。

このときに前頭前野が扁桃体にブレーキをかけてくれます。これを何度も日常的に繰り返すことで、感情をコントロールする力が養われます。

ですので「いつもお行儀よくしなさい」というのは、感情をコントロールする力をつけるうえでは、逆効果なんですよね。日常的にバカ騒ぎを取り入れていくことで、感情にブレーキをかけることができるようになるのです。

ということで、子どもが感情的にキレるような子にしないためには、日頃から物語に触れさせてメタ認知能力を磨きながら、安心させるような言葉がけとともに、スキンシップ、なかでも〝バカ騒ぎ〟を日常に取り入れてみてください。

A

できるだけ物語に触れる機会を与え、
また日常に「バカ騒ぎ」を
取り入れてみてください。

9章の主な登場人物

鈴木貫太郎（すずき・かんたろう）

1868年、関宿藩士の父・鈴木由哲と母・きよのもと、長男として和泉国大鳥郡伏尾新田（現・大阪府堺市中区伏尾）に生まれる。海軍兵学校卒業後、日清戦争に従軍。日露戦争では日本海海戦に参加した。海軍兵学校校長、呉鎮守府司令長官、連合艦隊司令長官などを歴任。

1929年、侍従長兼枢密顧問官に就任する。1936年の二・二六事件で襲撃を受けて、重傷を負った。天皇の最高諮問機関とされていた枢密院の議長を経て、1945年に首相就任。ポツダム宣言を受諾し、降伏を決定。総辞職した。82歳で死去。一男二女に恵まれた。

濱田庄司（はまだ・しょうじ）

1894年、神奈川県川崎市に生まれる。東京高等工業学校で、上級の河井寛次郎と親交を持ち、卒業後はともに京都市立陶磁器試験場に入所。在日中のバーナード・リーチとともにイギリスに渡り、帰国後は落ち着いて陶磁器を制作するために、栃木県の益子に居を移して、活動拠点とした。大正末期から柳宗悦（むねよし）らと民芸運動を推進。柳の後を継いで日本民芸館館長に就任した。1955年には民芸陶器の重要無形文化財保持者に認定。1968年に文化勲章を受章している。83歳で死去。次男の濱田晋作、三男の濱田篤哉、孫の濱田友緒はいずれも陶芸家で、四男の濱田能生は硝子工芸家として活動中。

藤山寛美（ふじやま・かんび）

1929年、俳優の父・藤山秋美と、お茶屋の女将だった母・稲垣キミの間に、末の息子として大阪府大阪市西区に生まれる。1951年に舞台『桂春団治』に出演すると「アホ役・藤山寛美」として人気を博する。「新喜劇のプリンス」と呼ばれて親しまれて、1959年に舞台『親バカ子バカ』のテレビ放送が最高視聴率58%を記録して、その名を全国に轟かせた。「244カ月連続無休公演」や「ブロードウェイで連続公演回数の新記録」など数々の大記録を打ち立てたことでも知られている。60歳で死去。三女の藤山直美は女優として活躍している。

10章

親に背中を押されて挑戦できた天才たち

黒澤明／向井千秋／吉田兄弟

画家になる夢に挫折した世界のクロサワ

新しい世界に飛び込むのは、勇気がいる。子が未知の扉を前にして立ち止まり、思案しているときに、親はどんな言葉をかけられるだろうか。

映画界の巨匠、黒澤明。『羅生門』で日本映画初のヴェネチア国際映画祭金獅子賞とアカデミー賞名誉賞を獲得すると、その後も国際映画祭の受賞作品を数々、生み出した。スティーヴン・スピルバーグやジョージ・ルーカスなど、ハリウッドの名監督も、黒澤映画から大きな影響を受けてきたという。

1990年、そんな〝世界のクロサワ〟に米アカデミー賞・特別名誉賞が贈られた。長きにわたる映画界への貢献を賞したものだが、その授賞式スピーチで、黒澤が放った言葉は、半ば伝説と化している。

「ぼくはまだ映画はよくわからない」

それだけ映画作りは奥深いということだろう。その謙虚な姿勢は、黒澤にとって映画の仕事が「追い続けた夢」ではなく「ひょんなことから足を踏み入れた世界」だったということも関係しているかもしれない。

黒澤はもともと画家志望だったが、美術学校の受験に失敗。たまたま目にした求人募集に応募したことをきっかけに、映画会社に入ることになった。

実のところ、志望者が殺到していたが、気負いのない黒澤は面接官にひたすら絵の話をして、内定をとってしまう。だが、どうにも気が進まなかった。もともとやりたい絵の仕事からはかけ離れているし、見学した撮影所で女優がドーランを塗りたくるのが薄気味悪く感じたのだ。

躊躇（ちゅうちょ）する黒澤の背中を押したのは、父のこんな言葉だった。

「いやならいつでもやめればいい。しかし、何事も経験だ。1カ月でも1週間でもいいから、行ってみたらどうだ」

黒澤明の父は軍人で厳格だった。しかし、映画は教育上、好ましくないと言われていた時代にもかかわらず、父は進んで家族を映画に連れて行っていたという。父が黒澤の背中を押したのは、そんな背景も関係しているだろう。

黒澤は父の言葉に「それもそうだ」と思い、映画業界へと飛び込む。入社早々、助監督としてサポートに就くが、最初の監督とはそりが合わなかった。すぐにやめようとした時期もあったが、山本嘉次郎監督に就くと、たちまちその魅力にとりつかれる。

若手の意見も積極的に取り入れてくれる山本監督と映画作りに取り組むうちに、こんな境地に至ることになる。

「山さんが、今、やっている仕事、それこそ、私が本当にやりたい仕事だったのだ」

何事も経験――。そんな父の言葉を胸に、黒澤は映画界で革命を起こし続けたのだった。

子どもの挑戦を否定しなかった宇宙飛行士の母

新しい世界に飛び出す……どころか、宇宙にまで飛び出してしまったのが、宇宙飛行士の向井千秋だ。心臓外科医から宇宙飛行士へ転身したことでも話題になったが、千秋が医師になったのは、幼少期に母と一緒に病院通いをした経験からだった。

といっても、患者は千秋でもなければ、母でもなく、弟である。3歳半から骨が壊死(えし)するペルテス病にかかり、右足の付け根からギプスで固定されることになった。

弟を背負って病院に行く母に付き添ったのが、6歳の千秋だった。千秋は荷物持ちとして、弟の治療のために、母と一緒に電車で東大病院へ通った。

父は教師で、母は鞄屋を営んでいた。商売で忙しい母が、なんとか時間をやりくりして、弟を病院に連れて行ったときは、東大構内の三四郎池でいつも休憩をとるようにしていた。いつものように休憩していると、千秋は病院の建物を観ながら、こうつぶやいたという。

「私、人助けの出来るお医者さんになりたい」

千秋は15歳で単身上京して、慶應義塾大学医学部に進学。同大女性初の心臓外科医となった。こうと決めたら、猪突猛進でやりとげる。宇宙飛行士へと転身したときもそうだった。32歳のときに、新聞に掲載された宇宙飛行士の公募に心が揺さぶられた。

即座に「行きたい」と思ったが、チャレンジャー号が爆発。シャトル飛行が中断されてしまう。千秋は、宇宙飛行士になるのを諦めて、医師としての日常に戻るべきかどうか葛藤する。悩んだ末に千秋は新たな道に進むことを決意。のちにこう振り返っている。

「理想通りにはいかないけれど、新たな道を進む中で成長した自分にも出会えた。あの時、諦めずに本当によかったです」

千秋は、1994年にはスペースシャトル・コロンビア号、1998年にはスペースシャトル・ディスカバリー号に搭乗。日本人女性初の宇宙飛行士として歴史に名を刻んだ。

千秋がこれだけ挑戦心にあふれているのは、母もアグレッシブな性格だったからかもしれない。幼少期に病院に連れて行ってもらっていた弟は、母の性格について「冒険的」と称しており、「目の前に橋があれば、とにかく渡ってみる」タイプだったという。

そんな性格は千秋への声かけにも表れている。千秋がアメリカで軽飛行機の免許をとりたがると、皆が心配するなか、母だけはこう言っている。

「千秋、免許がとれたら私を一番に乗せてね」

千秋の大胆な転身についても「千秋、宇宙へ行ってもいいよ」と後押ししたという。

不安があっても、子どもの挑戦を止めることなく、その意思を尊重する。その大切さを千秋の母は教えてくれているようだ。

親のひと言で新しい世界を拓いた吉田兄弟

何気ないひと言が、子どもの新たな可能性を広げることもある。

吉田兄弟が三味線を始めたきっかけは、5歳のときに兄の良一郎が「何か習い事を始めたい」と親に相談して、父からこう言われたのがきっかけだった。

「三味線、やったらどうだ？」

実は、父には三味線への特別な思いがあった。高校卒業後、父は炭鉱で働きながら、寮生活を送っていた。そこに巡業に来ていたのが、津軽民謡一座で、その演奏に「これは世界に通用する楽器だ」と衝撃を受けることになる。

会社に相談したうえで、三味線弾きを目指したが、父（吉田兄弟にとっては祖父）に泣かれてしまい、断念。それから何十年もくすぶっていた三味線への思いが、「三味線、やったらどうだ？」という、息子への言葉となって現れたという。

兄が三味線の稽古場に通ううちに、弟の健一も三味線を弾き始めたことが、吉田兄弟の原点となる。小学生の頃は随分と「おじいさんみたい」とからかわれて、やめることを考えた時期もあったが、そんなときは母が相談役となり、話を聞くことに専念していたという。練習を重ねるにつれて、三味線の魅力に引き込まれていき、二人は世界で活躍する三味線アーティストとして羽ばたくこととなった。

親が子をいざなうことが、子にとって押し付けになるか、新たな世界への招待状になるかは、紙一重である。吉田兄弟の場合は、父がエンジンならば、母がハンドルの遊びの役目を果たしたのが、功を奏したのかもしれない。

子どもの挑戦に対して、親はどんなスタンスで応援するとよいのか。ついつい、口出ししたくなってしまいそうだが、親野先生、どうしたらよいでしょうか。

教えて！親野先生

Q 子どもの挑戦を後押しするにはどうすればいいですか？

深夜に父を叩き起こした息子

子どもが新しいことに挑戦しようとしているとき、親としては、その背中を押してあげたいですよね。

三重県で講演をしたときに、元校長先生からこんな話を聞いたことがあります。代々教員の家系だったため、息子も当然のように教育学部に進学したそうです。

しかし、ある日、事件が起きます。

大学2～3年生のときに、いきなり深夜に息子から叩き起こされました。「一体、何だ？」と思ったら、息子が正座していて「大事な話があるから起きてくれ」というわけです。話を聞いてみたら「大学をやめて、料理人になりたい」と言い出したというから、親としては、青天の霹靂です。何でも、その息子さんは漫画『美味しんぼ』の大ファンで、何度も読むうちに料理の世界に身を置いてみたくなったのだといいます。

親としては「せめて大学を卒業して」と思うのは当然です。その元校長先生も「何を今さら……」と言いかけたそうです。けれども、ぐっとこらえて、こう言いました。

「そうか、わかった。お前の人生だから思いっ切りやれ」

さすが教育者です。理性で息子さんを激励したのです。この話を聞いたときは、私も思わず「それを言えたのは、すごいことですよ！」と興奮してしまいました。

なかなか言えませんよね。本音は別のところにあるわけですから。それでも、きちんと背中を押すことができた。

この話を聞いたときに、親鸞（しんらん）の逸話を思い出しました。親鸞は9歳のときに、仏門に入ることを決意します。天台座主である慈円を訪ねますが、すでに深夜でした。

「明日の朝になったら得度の式をしてあげましょう」

そう言われると、親鸞は「明日まで待てません」と言って、こんな和歌を詠んだとされています。

「明日ありと　思う心の仇桜(あだざくら)　夜半に嵐の　吹かぬものかは」

意味は「今は美しく咲いている桜も、明日も見られると安心していると、夜半に強い風が吹いて散ってしまうかもしれない」というもの。いろんな解釈ができると思いますが、「今の決意も明日には縮んでいるかもしれない」と親鸞は考えたのかもしれませんね。

一念発起して前に進むには、勢いが大切です。元校長先生の息子さんが、わざわざ深夜にお父さんを叩き起こしてまで決意表明したのも、「今でないと言えない！」と思ったからではないでしょうか。

一大決心を後押しされたのですから、喜びもひとしおだったことでしょう。お父さんも息子のただならぬ様子に、心を動かされたのかもしれませんね。

息子さんはその後、無事に料理人になったそうです。「今、喜んでやってますよ」と、元校長先生がうれしそうに笑っていたのが印象的でした。

カオスの社会を生き抜く「熱中体験」

子どもの人生は、子どものもの――。

親はついそのことを忘れてしまうことがあります。何もできない赤ちゃんの頃から、ずっと世話に追われてきたわけですから、それは無理もないことです。

親は子どものことを考えているからこそ「安全な道に進んでほしい」「なるべくリスクが少ない生き方をしてほしい」と考えてしまいます。

でも、子どもには子どもの目標や理想があって「自分の道を突き進んでいきたい」という思いがあります。子どもが確固たる意志を表明したならば、親ができることは、応援することくらいなんですね。

特にこれからは「カオスの時代」です。高齢社会のなか、全く先が見えないといってもよいでしょう。これまでの常識はもはや通用しない。そんな社会を子どもたちは渡り歩いていかねばなりません。

自分がやりたいことを見つけて、道なき道を行く。そのときに鍵となるのが、熱中体験です。子どもの頃に、何かに熱中する経験を持つことができたか。それが将来を形作ります。

「あなたの人生はあなたのもの。どんな決断をしても、応援するよ」

子どもが新たな挑戦に向かうことを決意したならば、そんな元気が出る言葉をかけてあげてください。

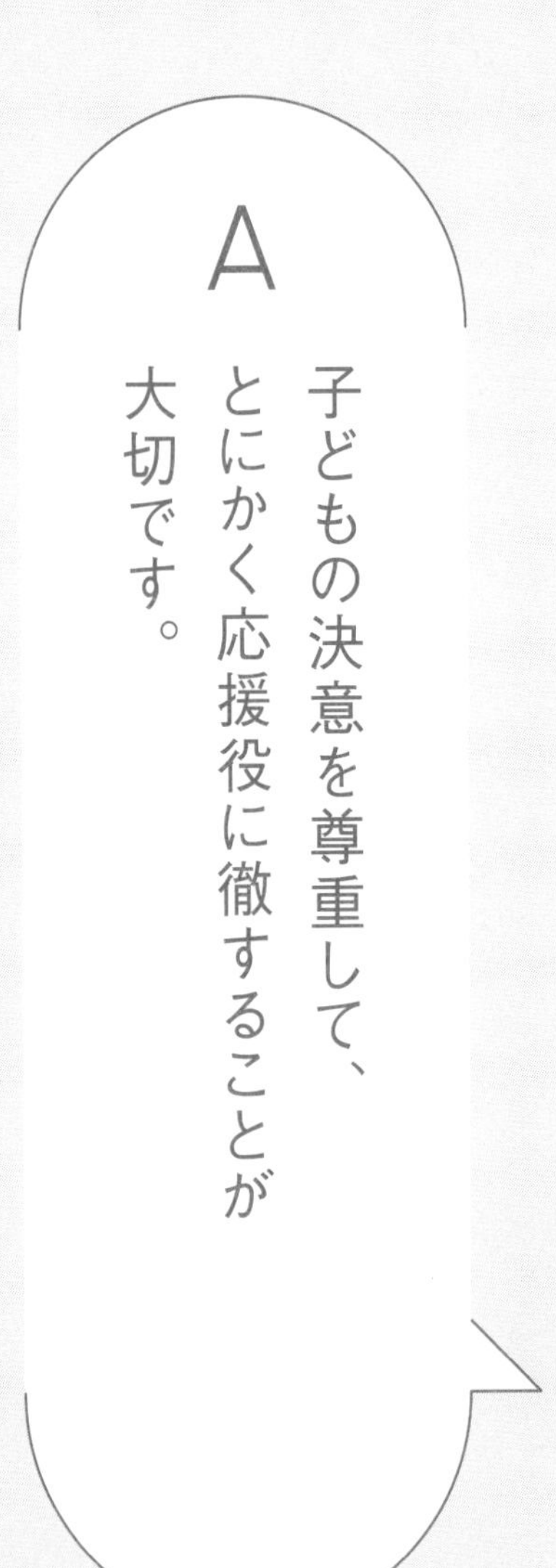

10章の主な登場人物

黒澤明（くろさわ・あきら）

１９１０年、元軍人で体育教師の父・勇と母・シマのもと、四男四女の末っ子として、東京府荏原郡大井町に生まれた。中学在学中に画家を志すが、東京美術学校の受験に失敗。挿絵のアルバイトで生計を立てる。ＰＣＬ映画製作所（現・東宝）に入社後、『姿三四郎』で映画監督デビューを果たす。『羅生門』で日本映画初のヴェネチア国際映画祭金獅子賞とアカデミー賞名誉賞を獲得。その後も国際映画祭の受賞作品を数々監督し「世界のクロサワ」と称された。88歳で脳卒中により死亡。長女の黒澤和子はデザイナーとして活躍しており、『万引き家族』の衣裳デザインで芸術選奨文部科学大臣賞（映画部門）を受賞。

向井千秋（むかい・ちあき）

１９５２年、中学校教師の父・喜久雄と鞄屋を営む母・ミツのもと、長女として群馬県館林市に生まれる。慶應義塾大学医学部卒業後、心臓血管外科医として慶應義塾大学医学部外科学教室、済生会神奈川県病院などに勤務。１９８５年、宇宙開発事業団（現・宇宙航空研究開発機構）に入社。１９９４年、スペースシャトル「コロンビア号」にアジア人初の女性宇宙飛行士として搭乗。１９９８年にはスペースシャトル・ディスカバリー号に搭乗し、日本人として初めての２度目の宇宙飛行を経験した。現在は東京理科大学の特任副学長を務め、「スペース・コロニー研究センター」のセンター長を兼任。夫は病理医の向井万起男。

吉田兄弟（よしだきょうだい）

兄の良一郎は1977年、弟の健一は1979年、父・誠一と母・良子のもと、北海道登別市に生まれる。ともに5歳から三味線を習い始めて、1990年から津軽三味線奏者の初代・佐々木孝に師事。津軽三味線全国大会などで頭角を現して、1999年にアルバム『いぶき』でメジャーデビューを果たした。2001年、第15回日本ゴールドディスク大賞の純邦楽アルバム・オブ・ザ・イヤーを受賞。2003年、第17回ゴールドディスク大賞、日中国交正常化30周年記念特別賞を受賞。アメリカ・ヨーロッパ・アジアなどワールドワイドな活動を行っている。

11章

進路に悩んだ天才たち

チャーチル／アンデルセン／手塚治虫

劣等生の息子への父の提案

偉人として名を馳せている人物も、かつては、どんな道に進むべきか迷い、葛藤していたり、先行きが見えなくて苦しんでいたりする。子どもが将来の進路を決めかねているとき、親はどんな言葉をかけてあげるのがよいのだろうか。

イギリスの元首相、ウィンストン・チャーチルは、第二次世界大戦時に連合国を勝利に導いた。優れたリーダーシップと聴衆を奮い立たせるスピーチの巧みさから、「歴史上最も偉大なイギリス人」とも評されている。

だが、学生時代は劣等生だった。7歳のときにエリート校に進学して、寄宿舎生活を送るが、成績は芳しくなく、特にラテン語を苦手としていたという。そのうえ、スポーツも大の苦手であり、こんなふうに振り返っている。

「体操にいたっては、まったく絶望的だった。はやく休暇になって、この憎むべき奴隷社会から両親のもとへいつ帰れるか、それこそ毎日毎時間、指折り数えている日々だった」

チャーチルの父は政治家で、息子に後を継がせるつもりだったが、息子の成績を見て、どうも難しそうだと考えた。そんなチャーチルが夢中になっていたのが、おもちゃの兵隊遊びである。1500体もの兵隊人形のコレクションがチャーチルの自慢だった。

そんなチャーチルに、父はこう問いかけた。

「軍人になりたいか」

チャーチルが「はい、軍人になりたいです」と答えたため、陸軍士官学校への進学を目指すことになった。家庭教師をつけてもなお、チャーチルは陸軍士官学校の受験に二度失敗している。

だが、進学後は厳しい訓練にも耐えて、用兵論や要塞学などの講義に没頭。後年、チャーチルはこう振り返っている。

「おもちゃの兵隊が私の将来をきめた」

だが、そのきっかけとなった父は、チャーチルが任官する直前に他界。すると、チャーチルは父の跡を継いで政治家になる意思を固める。軍隊の経験はむしろそのための手段としてとらえるようになった。

インド西北の辺境地域の戦闘に臨む前夜には、母にこんな手紙を出した。

「私が、いずれは捨て去ることとしている職業でしか役に立たない、戦争なんかに命を賭けることは、間尺に合わないことかも知れません」

そんな葛藤があったが、熟考した結果、政治家にとっても軍歴はプラスになると判断したようだ。こう結論づけている。

「青年期に英国の部隊と共に戦闘に参加することが私に政治家としての重みを与える、すなわち、人々が私の言うことに耳を傾け、国内での人気を高めることになると感じているのです」

父が生きていれば、その逞しさに目を細めたことだろう。母への手紙はこんな力強い言葉で締めくくられている。

「私は、この世で何らかのことを成し遂げるという運命を信じているのです」

童話作家アンデルセンの憂鬱

アンデルセン童話の作者、ハンス・クリスチャン・アンデルセンは、数々の名作を残した。『みにくいアヒルの子』『裸の王様』『マッチ売りの少女』など、その作品は、今でも世界中の子どもたちに読まれ続けている。

しかし、童話作家の道に進むまでは、迷走を繰り返している。14歳のときに単身でコペンハーゲンに乗り込むことを決意したものの、そもそもやりたいことが不明瞭だった。手に職を持たせたいと思っていた母は反対するが、アンデルセンはこう言って聞かなかった。

「僕は、都に出て有名な人になりたいんです。たくさんの苦しい目にあうでしょうが、それを乗り越えれば、きっと夢は叶うはずです」

アンデルセンがここまで言い切ったのは、父の言葉があったからだった。貧しい靴職人だった父は、学校に通えずに仕事を選べなかったことを後悔していた。息子にはこんな思いはさせたくない。そう考えた父は、アンデルセンには常々こんな言葉をかけていた。

「気のすすまない道を無理に選んではいけない。ほんとうに自分がなりたいと思うものになることだよ」

アンデルセンが11歳のときに父は亡くなるが、この言葉はアンデルセンの心のなかで、生き続けた。「ほんとうに自分がなりたいと思うものになる」。まさに、そのために、アンデルセンは単身コペンハーゲンへと意気揚々と乗り込んでいったのである。

だが、はっきりした夢があっても叶えるのは難しいもの。ただ「有名になりたい」という思いだけでは、さらに道のりは遠くなる。

コペンハーゲンに着くと、まずは役者になろうとして、有名な女優の自宅を訪ねるが、門前払いにされてしまう。そこから劇場の支配人のところに行っても、「お前が舞台に立ったら滑稽なだけ」と、まるで相手にされない。

お金はもとより1週間過ごすだけのものしか持ち合わせていない。それでも世話好きな大人たちに助けられながら、アンデルセンは作曲家や詩人など芸術家たちのもとを訪ね歩いた。何者かになりたい。だけど、どうすればよいのかがわからない。アンデルセンはとにかく現状を変えなければ、とあがいた。

歌を褒められて、バレエ学校で歌の指導を受けたこともあったが、声変わりで自慢のソプラノボイスを失ってしまい、叶わなかった。故郷が恋しくなったが、それでもアンデルセンの心は折れなかった。路線変更して、すぐに行動を起こす。

「俳優になるか、詩人になるかだ！」

それでも気持ちだけでは、どうにもならない。演技でも歌でも花開くことがないまま、3年にわたって試行錯誤が続く。

だが、事態は意外な方向から打開される。アンデルセンの芝居の脚本が王立劇場の目に留まり、文筆業としての道が見えてきたのだ。

アンデルセンは、奨学金でラテン語の学校に通い、大学にも進学。著述業で生計を立てているうちに、自費出版した旅行記が話題を呼び、童話作家として世界中に名を馳せることとなった。

「ほんとうに自分がなりたいと思うものになる」

この父の言葉にアンデルセンは時に発奮し、時にすがり、時に失望したことだろう。生活のために「気の進まない道」に進んだほうがよほど楽だったかも、という思いがよぎることもあったに違いない。

それでもアンデルセンは「楽ではないけど、楽しい道」を探し続けて、自分だけの生き方にたどりついたのだった。

子どもの「好き」を大切に

漫画家の手塚治虫は、『鉄腕アトム』『ジャングル大帝』『リボンの騎士』『火の鳥』『ブラック・ジャック』など数多くのヒット作を世に送り出した。どの作品も時代を超えて愛されており、「漫画の神様」と呼ばれるのにふさわしい功績を残したといえるだろう。

また、日本のアニメーション制作においても、手塚は革命を起こした。

『鉄腕アトム』では日本初の30分枠連続テレビアニメシリーズを打ち出し、やがてそれがアニメ放送のスタイルとして定着することになる。経費削減と製作時間の短縮のため、動きを簡略化しセル画の枚数を減らす「リミテッド・アニメーション」を日本で初めて取り入れたのも、手塚だった。

日本の漫画界とアニメ界に金字塔を打ち立てた手塚。その才能を伸ばしたのは、母である。手塚の豊かな発想力に気づいた母は、本や漫画を熱心に読み聞かせた。登場人物によって声色を変えたり、感動的な場面は語りで盛り上げたりと、手塚を本や漫画の世界へと引き込んでいった。

小学生になると、自分でも漫画を描くようになるが、教師に見つかり、激怒される。母が呼び出されるという騒ぎになった。帰宅した母は手塚にこう言った。

「どんな漫画を描いていたのか見せてちょうだい」

手塚が持ってきたノートを母は最初から最後までじっくり観て、こう言ったという。

「治ちゃん、この漫画はとてもおもしろい。お母さんはあなたの漫画の、世界で第一号のファンになりました。これからお母さんのために、おもしろい漫画をたくさん描いてください」

母の言葉を受けて、ますます創作に励んだ手塚は、その一方で大阪帝国大学附属医学専門部に通い、医師免許を取得。在学中から漫画家として活動していたが、やがて両立に苦しむことになる。

手塚が母に相談したところ、こう問いかけられた。

「あなたは漫画と医者とどっちが好きなの?」

手塚が「漫画です」と答えると、母は次のようにあっさりと言った。

「じゃ、漫画家になりなさい」

漫画家の地位が著しく低い時代だったが、一貫して手塚の「好き」を大切にした母。手塚はのちにこう振り返っている。

「母はいいことを言ってくれたと思います。母のこのひと言で決心がつき、本当に充実した人生を送ることができました」

親が自分の夢を後押ししてくれた——。それほど心強いことはない。親の言葉は、子の才能を育み、時に情熱をさらに燃え上がらせるきっかけとなる。

だが、実際には、子どもが進みたい道があるのに、親がその邪魔をしてしまうということが少なからず起きている。もちろん、「失敗してから後悔してほしくない」という親心からだが、進路の問題は時に、親子関係に大きな影を落とすことになる。

自分自身もまた、子どもが進みたい道を応援したいとは思いながらも、たとえそれがどんな道でも、応援するスタンスでいられるかといえば、正直なところ、それほど自信がない。

親野先生、取り上げた偉人たちの親のように、後押しできる親でいるための心がけがあったら教えてくれませんか。

教えて！親野先生

Q

子どもが進路に悩んでいるとき、
親はどうすべきですか？

親がレールを敷いてはいけない理由

読売テレビ「グッと！地球便」というテレビ番組をご覧になったことがありますか？

海外で暮らす日本人のために、日本の家族から海外の家族に贈り物をするという番組です。それを観ていると、海外で活躍している日本人は、親の反対を押し切って、挑戦に踏み切ったケースがほとんどなんですね。

だから親との関係が悪化していることが多いです。番組では、仲直りのお手伝いをしたりもするのですが、子どもの夢を応援することの難しさを改めて感じました。

親は子どもを思うあまりに「ちょっと待てよ、もっと安全な道があるぞ」と、監督者として誘導しがちです。だけれども、やはり親は子どもの最大のサポーターとしての役割を担ってほしい。心からそう思います。

もし、親が強引に子どもに「あっちは危険だから、こっちの道に行きなさい」と説得して、進路を決めた場合に何が起きるか。

子どもが30代、40代になったときに「本当にこれでいいのかなあ」「俺、もっとやりたいことあったんじゃないかな」とその段階で、自分探しを始めてしまったりします。

もちろん、何歳になっても新しいチャレンジはしていいのですが、不本意な現実が親の選択によるものだった場合に、子どもがうまくいかない現実を親のせいにしてしまうんです。

ですので、親が子どものために線路を敷くとあまりよいことはありません。ダーウィンのお父さんもそうでしたよね。

子どもが進路に悩んでいたら、「**あなたの思い通りに生きていいんだよ**」「**何でも相談に乗るよ**」「**お父さんもお母さんも応援しているから**」といった言葉をかけてあげてください。

「みなと同じ」がリスクになる未来

子どもが進路について悩んでいるときに、親として教えてあげてほしいことが、もう一つあります。それは**「この先の人生はとても長い」ということ**です。

かつてのように、いったん就職したら、その会社を定年まで勤め上げれば、あとは年金生活という人生プランはもはや通用しません。

何しろ、定年後の人生も長く、年金には期待できませんからね。何度もキャリアチェンジをしながら、生き生き働き続けるのがスタンダードの世の中になりつつあります。

転職、独立、学び直しなど当たり前になりますから、20代でいったんやりたい道に進んでも、昔ほどのリスクはないともいえます。むしろ、本当にやりたいことに蓋をして、親の望む方向に進むほうがよほど危険だともいえます。自分の責任ではない選択に、身をゆだねるわけですからね。

いくら給料が良くて安定していても、仕事がつまらなかったり、キャリアが積めないようならば、毎日がつらくなってしまうかもしれません。それ以前に「会社員が安定している」ということ自体がすでに幻想になりつつありますから。

人生を自分の力と意志で展開して、どんどんやりたいことをやっていく――。子どもが進路で悩んでいれば、そんな自己実現力こそがこれからの時代は大事だと、話してあげてください。そして「人生は長く、一度や二度の失敗を恐れることはない」ということも。

親自身が、これからの人生をどう送ろうかワクワクしている姿を見せれば、子どもにとっても、よい刺激になることでしょう。

A

「人生はこれから長い」ということを伝えたうえで、その子の「好き」が生かされる道に後押しをしてあげてください。

11章の主な登場人物

アンデルセン

１８０５年、靴職人の父ハンスと母アンネのもと、デンマークの中央部にあるフェン島に生まれる。学校を中退後、オペラ歌手を目指し、コペンハーゲンに行く。その後、バレエ学校などを経て、初めての小説『即興詩人』を発刊。その後は童話作家として活躍。『みにくいアヒルの子』『裸の王様』『人魚姫』『マッチ売りの少女』など数々の名作を生み出し、アンデルセン童話として今なお読み継がれている。旅行を好み、グリム兄弟、バルザック、ディケンズ、ユゴーなど旅先で多くの作家や芸術家と交流を深めた。肝臓がんによって70歳で死去。

手塚治虫（てづか・おさむ）

1928年、会社員兼アマチュア写真家の父・手塚粲と母・文子のもと、3人兄弟の長男として、大阪府豊中市に生まれる。大阪帝国大学医学専門部卒業。医学博士。『マアチャンの日記帳』でデビュー。『鉄腕アトム』『ジャングル大帝』『リボンの騎士』が大ヒットとなり、アニメーションでも大きな業績を残す。そのほか『火の鳥』『ブラック・ジャック』など数多くの名作を残した。胃がんにより60歳で死去。一男二女に恵まれて、長男の手塚眞はクリエーター、長女の手塚るみ子はプランニングプロデューサーとして活躍中。

12章

難題にぶつかった天才たち

アガサ・クリスティ／赤塚不二夫／
マイルス・デイビス

母の言葉で「ミステリーの女王」は生まれた

挑戦する者は、必ずどこかで壁にぶつかる。まだ挑む前から、おじけづいてしまうことすらある。偉人たちは、そんな困難を乗り越えてきたが、時には、親の言葉が挑戦するきっかけや、立ちはだかる難題の突破口となった。

イギリス生まれの作家のアガサ・クリスティは、『オリエント急行の殺人』『そして誰もいなくなった』など世界的なベストセラーを連発。生涯を通じて100に及ぶ長編、短編集、戯曲の傑作を生み出した。

そのきっかけは、ふいに訪れた。ある冬の日、アガサはインフルエンザでベッドに伏していた。症状はすでに回復期にあり、退屈だ。本をたっぷり読み、占いもやりつくした。仕方なく、ブリッジの一人遊びに興じようとしたときである。

様子を見に来た母から思わぬ言葉が飛び出した。

「あなたね、短編小説を書いてみたらどう?」

アガサ・クリスティは「わたしが短編小説を書くの?」と驚きながら、こう続けた。

「ああ、わたしにはとてもできそうにないもの」

実はアガサには以前にも推理小説を書きたいと思ったことがあった。まだアガサが10代前半の頃に、11歳年の離れた姉のマッジから、コナン・ドイルのシャーロック・ホームズシリーズを薦められてすっかり夢中になり、自分でも書いてみたいと思ったのだ。

だが、姉からは「あなたには書けそうにないと思うわ」と言われてしまう。姉自身もチャレンジして挫折したためである。

「書くのはとてもむずかしいのよ。わたしも書こうと思ったことがあるの」

それでもアガサは「ぜひわたしはやってみたい」と言うが、マッジも譲らない。

「あなたにはできっこない。賭けてもいいわ」

アガサはひそかに「かならず探偵小説を書いてやろう」と思ったものの、実際に挑戦することはなく、16歳のときにパリの寄宿学校に入学。そこでは、音楽の才能が開花して、一時はプロを目指すが、断念している。

そんなアガサを傍でみているだけに、母は、かつての夢へのチャレンジを勧めたのかもしれない。だが、今となっては、姉の「あなたにはできっこない」という言葉のほうが説得力を持っていた。

後ろ向きなアガサに対して、母が言った言葉がこれだ。

「できないとはきまってないでしょう。だって、やってみたことがないんですからね」

さらに母は練習帳をアガサに手渡してこう言ったのだ。

「さあ今からでも小説を書きはじめていいわよ」

気づけば、アガサはベッドから身を起こして、短編小説の構想を考え始めていた。しばらくすると、書き始めて、あくる日の夕方には一編の小説が完成。それからもアガサは作品を書き続け、できたら雑誌社に送るという生活がスタートした。

その後、アガサは長編小説にも挑戦。30歳のときに『スタイルズ荘の怪事件』で作家デビューを果たす日が少しずつ近づいていた。

誰しもがそうであったように、「ミステリーの女王」と呼ばれたアガサも、最初はただの素人だった。作品を楽しむ読者に過ぎなかったが、母の言葉をきっかけに、世界を驚かせるミステリー作家へと成長していったのだった。

「これでいいのだ!」とはとても言えない下積み時代

国民的漫画家といっていいだろう。

赤塚不二夫は『おそ松くん』、『天才バカボン』、『ひみつのアッコちゃん』、『もーれつア太郎』などヒット作を次々と描いた。「ギャグ漫画の王様」とも呼ばれる赤塚にも、不遇な下積み時代があった。

「これはなんかにならないかな」

少年時代の赤塚は道に見慣れないものが落ちていると、拾って遊び道具にできないかと頭をひねった。インスタント顕微鏡や映写機など、当時の少年雑誌にはいろいろな付録が付いていたが、家が貧乏だった赤塚は道で拾った部品を使って自分で作ってしまう。赤塚自身がこう振り返っている。

「遊びは工夫と器用さで金持ちの子よりむしろ充実していたと自負している。だが貧乏のため、学校の行事には参加できないものもあった」

貧しくて修学旅行にも行けなかった赤塚。欠席者は理由を作文にして書かねばならない。赤塚は歯痛のせいにして、それがいかにつらいものか、もっともらしく書いたところ、先生に褒められたのだという。物語にすることで現実世界の不条理も楽しめることを、このときに学んだのかもしれない。

「自分の子どもが、貧しいために修学旅行にも行けず、父兄会にも一度も顔を出さないことを両親は気にしていたかもしれない。しかし、ない袖は振れないのは、こんなぼくにもよくわかっていた。だからそんなことで落ち込むようなことは全然なかった」

家計の苦しさから高校への進学は難しく、中学を卒業した赤塚は看板屋に就職する。初めこそはペンキ塗りばかりだったが、そのうちに文字を書かせてもらえるようになり、ついには、映画館の看板まで手がけるようになる。

しかし、3年目を迎えて突然に、父親から「上京してくれないか」と持ちかけられる。化学工場の工員として働いてほしいという。父からすれば、友人から泣きつかれたという事情もあるが、家計が助かるというのが本音だった。東京での仕事のほうが収入がよいらしい。

看板の仕事も面白くなってきた頃だけに、1カ月近く悩んだ。それでも現状を受け入れるのが、赤塚である。ただし、期限を設けておこうと思った。「ずっとではない」と思えれば、精神的にも楽になる。

「行くけど、1年だけしか勤めないよ。1年たったらおれ、好きなようにするけど、いい？」

そう返事をして父を喜ばせた赤塚は19歳で新潟から上京。工員として働きながら、仕事以外の時間をすべて漫画へとつぎ込んだ。毎月10点の4コマ漫画を投稿した赤塚は、毎日アイデアノートをつけた。「少なくとも1つはアイデアが出るまでは寝ない」というルールを自分に課している。

地道な努力の甲斐があり、「漫画少年」に何度も入選するようになると、同じような仲間とつながりもできてきた。そのうちの一人が、石ノ森章太郎である。プロの漫画家を目指す者たちと時間をともにするうちに、自分も独立したいという思いが湧き上がる。2歳年下の石ノ森は連載が好評を博していた。

赤塚は工員をやめて、漫画で食べていくことを決意。石ノ森の手伝いをしているうちに、石ノ森と同じアパートに自分も住むようになる。そのアパートこそが、手塚治虫や藤子不二雄も住んだ「トキワ荘」である。

石ノ森がどんどん売れて稼ぐなかで、赤塚は相変わらず売れない。少女漫画でデビューした赤塚だったが、本当に描きたいものは別にあると気づき始めた。そのことがまた赤塚を苦しめることになった。

「ぼくの目標はギャグ漫画に変わっていた。だがまだこのころ、ギャグ漫画などというものを描かせてくれる出版社など、どこにもなかったのである」

ある日、食べるものもままならない赤塚を心配して、母が上京してきた。そのまま4畳半の部屋で、二人の生活がスタートする。

赤塚の母は、息子の分だけではなく、石ノ森などほかの漫画家の食事も一緒に作っていたという。まるで寮母だが、もともと都会的な赤塚の母は、息子との東京生活を楽しんでいたようだ。少なくとも赤塚にはそう見えていた。もし、これが「息子のために」という自己犠牲に基づいていれば、双方苦しくなっていたかもしれない。子が親をサポートするときは、親自身が楽しむことが大切だろう。

そんな赤塚の母が部屋でごそごそ書き始めたかと思えば、書いたものを赤塚に渡してこう言った。

「フジオ、かあちゃんがストーリー考えたんだけど、読んでみな」

鳴かず飛ばずの息子を心配して、自身で漫画のストーリーを考えたのだという。これには赤塚も驚かされたようで、こう振り返っている。

「かあちゃんの考える話がぼくの描く漫画に役立ったとはお世辞にも言えない。でも女のすごさや母親の強さに、ぼくは改めて感心してしまう」

その後、赤塚は〆切に間に合わなかった漫画家のピンチヒッターをこなすうちに実力をつけていく。大ヒット作『おそ松くん』、『ひみつのアッコちゃん』が生まれるのは、それからしばらくしてからのことである。

ジャズの帝王が心に刻んだ父の言葉

時代の変化に応じて、自分のスタイルも進化させていく。どんなジャンルでも必要なことだが、言うはやすしで簡単ではない。つい自分の成功体験に縛られて、気づけば、時代に取り残されてしまう。そんなリスクを誰しもが抱えているのではないだろうか。

その点、ジャズ界の帝王、マイルス・デイビスは、変化することを恐れなかった。

陽気でハッピーなジャズが主流の時代に、暗く落ち着いたクール・ジャズで絶大な人気を得たマイルスは、それからもモード・ジャズ、フュージョンなど、モダン・ジャズの音楽スタイルを創造し続けた。また、若く有望な音楽家がいれば、自分のバンドに積極的に引き入れた。その結果、数々のアーティストを輩出させながら、自分自身の演奏スタイルも進化させたのである。

ジャズ界の常識を何度も覆したマイルス。昔の曲をリクエストする人たちにはこう答えていたという。

「古いヤツが聴きたかったらレコードを聴いてくれ」

そんな変化を常としたマイルスには、忘れられない父の言葉があった。

歯科医の父と音楽家の母の間に生まれたマイルスは高校卒業後、家を出て、ニューヨークにあるジュリアード音楽院に進学した。トランペットを演奏し始めたのは9歳のときで、13歳で、父から新しいものを貰ったのをきっかけにどんどん演奏にのめり込んでいった。だが、授業は期待外れに終わった。時代は変化し続けている。このままではダメだと思った、そのときの気持ちを、マイルスはこう振り返っている。

「ジュリアードの授業は、相変らず退屈なものだった。オレにとっては、なんの意味もなかった。まったく失望してしまった」

言いにくかったので、父親には事後報告にしようとしたが、仲間に「やめるまえに伝えたほうがいい」と諭された。考え直したマイルスは故郷のイーストセントルイスに帰り、父に打ち明けることにした。電話では伝わらないと思い、直に会って話すことにしたのである。

息子が突然、帰ってきたことに驚く父。マイルスはこう伝えた。

「ニューヨークでは何かが起きてるんだ。今、音楽もスタイルも変化していて、仲間と一緒に、オレもそのムーブメントに加わっていきたいんだ。だから、興味のあることを何も教えてくれないジュリアードをやめるってことを伝えに帰ってきたんだ」

息子の決心を聞いた父は、こう答えた。

「わかった。自分のやってることがわかってるんなら、かまわないさ。でも何をするにしろ、しっかりやれ」

さらに、こんな問いかけをした。

「マイルス、窓の外の鳥の鳴き声が聞こえるか？　自分の鳴き声がないモッキンバードさ。他の鳥の鳴き声はなんでも真似るが、自分の鳴き声がないんだ」

それは父なりの警句だった。「あんなふうになるなよ」と言って、さらに、マイルスにとって忘れられない、強烈なメッセージを放った。

「自分だけのサウンドを身につけることが一番大事なんだぞ。自分自身に正直にな。やるべきことはわかってるんだろうし、お前の決心を信じるよ。金は独り立ちするまで送ってやる、心配するな」

それだけ言うと、父は患者のもとへと戻っていったという。マイルスはこのときのことをこう振り返っている。

「最高に恰好よかった。おやじには、いつも頭が下がりっぱなしだった」

子どもを信じて、その背中を押す。これもまた親が実践するのは簡単なことではないが、父の後押しによって、マイルスも覚悟を決めて前に進むことができた。

「オレは後悔しないいし、決して後ろを振り返ったりはしない。それが、オレという男の生き方だ」

20世紀ジャズ界全体に影響を与えた、偉大な音楽家マイルス・デイビス。「自分だけのサウンド」を、生涯をかけて追求し続けた。

子どもが大空に羽ばたいていこうと、もがいているときこそ、親の真価が問われているといってもよい。夢をアシストするためのコツを親野先生に聞いてみよう。

教えて！親野先生

Q

子どもが難題にぶつかっているとき、どんなことができますか。

人生を決める3つの要素

子どもが高い壁を見上げて圧倒されているときに、親はどんな言葉をかけてあげるのが、よいのでしょうか。

私は講演でいつも「人生を決めるのは3つです」と子を持つ親の方々に伝えています。

一つ目は、生まれつきの資質です。これには、「向き・不向き」「得手・不得手」「才能」なども含まれます。やはり持って生まれたものが誰しもあります。その子ならではの長所を見つけていかに伸ばせるかは、その後の人生を大きく左右します。

二つ目は、「環境」です。ここには、親が子にどんな言葉をかけるか、ということももちろん含まれます。親の言葉がどれだけその子どもに影響するのか。本書の読者はすでに実感されていることかと思います。

三つ目が「本人の自由意思」です。人間は運命や環境の奴隷ではありません。たとえ、才能に恵まれなくて、また、どうしようもない親に育てられたとしても、自分でやる気スイッチを押して、自由に羽ばたくことができます。これは「人間の尊厳」といってもよいかもしれません。

この「人生を決める3つ」のうち、親ができることは、二つ目の「環境」をできるだけ整えて、子どもが生き生きと過ごせるようにしてあげることです。

本編では、マイルス・デイビスの例が紹介されています。夢を持って入学した音楽学校が期待外れだったとき、学校をやめてニューヨークに行くことを決意します。マイルスは、人生を決める要因の一つである「環境」を変えることを、「本人の自由意思」で決断したわけですね。

このときのお父さんの言葉は素晴らしいですね。息子の選択を後押ししながら、「金は独り立ちするまで送ってやる、心配するな」という言葉をかけます。

もちろん、「お金を与えて子どもを安心させること」自体は、いつもよい方向にいくとは限りません。このときのポイントは、マイルスのお父さんが、息子の挑戦を全力で応援すると即座に決めて、親ができる「環境づくり」に力を惜しまない姿勢を見せているところです。

その後、マイルスは「決して人のまねをするな」という父のメッセージを忘れることなく、自分の音楽スタイルを変革し続けます。その結果、立ちはだかる数々の困難に打ち勝ち、マイルスは世界的なミュージシャンへと飛躍することになったのです。

挑戦するための環境をつくる

作家のアガサ・クリスティの場合は、どうでしょうか。本編を見ると「創作という困難に挑む意欲はあるけれども、自信が持てない」と悩んでいますよね。お姉さんにちょっと意地悪を言われて、恐れてしまっているわけです。

このときに、彼女が問題視しているのは、人生を決める要因の一つである「才能」です。はたして自分に小説なんて書けるのか。そこに自信がないので、お姉さんの「あなたにはできっこない」という言葉を前に、おじけづいてしまいます。

アガサが「ミステリーの女王」として数々の作品を書き上げることを思えば、お姉さんの「忠告」は的外れだったようですが、実は、このお姉さんが果たした役割はそれなりにあるといえそうです。

なぜならば、夢に向かって努力しているときに「無理だと思う」「やめたほうがいいよ」という声が上がることは、よくあることだからです。その夢が大きければ大きいほど、周囲からはたしなめられてしまいます。

それでもなお自分の道を信じられた人だけが、偉業を遺しています。いわば、アガサは、お姉さんを通して、そんな世間の壁と早い段階でぶつかったといえます。そのうえで悩んで、なお挑むことができたのですから、一つの自信になったことでしょう。

そんなアガサの挑戦を後押ししたのが、母のこの言葉です。

「できないとはきまってないでしょう。だって、やってみたことがないんですからね」

自分の才能を疑って行動に踏み切れないときに、これほど勇気づけられる言葉はありませんよね。未知の領域に挑む子どもに送る言葉として、とても参考になるフレーズです。アガサのお母さんもまた、人生を決める「環境づくり」に大きく寄与したといえるでしょう。

赤塚不二夫のお母さんの「かあちゃんがストーリー考えたんだけど」は思わず笑ってしまいますが、これだけ親が真剣に応援してくれれば、子どもだって自然とやる気が湧いてきますよね。さすが、息子のために単身で上京してくるだけあって、息子が飛躍するための環境づくりに余念がなかったことがわかります。

子どもが困難にぶつかったとき、親はサポーターとして、その環境づくりに手を貸してあげてください。本書で紹介したような、忘れられない励ましの言葉をかけることは、そのなかでも、とりわけ重要なことだといえるでしょう。

A

親にできるのは、最大限の力が発揮できる環境を整えることです。

12章の主な登場人物

アガサ・クリスティ

1890年、父・フレデリックと母・クララのもと、三人兄弟の末っ子としてイギリスのデヴォン州トーキーに生まれる。父は祖父の遺産を投資家に預けて、無職同然の生活をしていた。アガサは12歳で初の長編小説を書き、30歳のとき『スタイルズ荘の怪事件』で作家デビュー。生涯を通じて100に及ぶ長編、短編集、戯曲の傑作を生み出して「ミステリーの女王」と称される。36歳のときには失踪事件を起こして、マスコミを騒がせたこともあった。代表作に『そして誰もいなくなった』『ABC殺人事件』『オリエント急行の殺人』など。大英帝国勲章受章。85歳で死去。一人娘のロザリンド・ヒックスは1993年にアガサ・クリスティ協会を設立した。

赤塚不二夫（あかつか・ふじお）

1935年、特務警官の父・赤塚藤七と母・リヨの6人兄弟の長男として、満州に生まれる。中学校在学中に手塚治虫の作品に影響を受けて、漫画家を志す。少女マンガ『嵐をこえて』でデビューを果たすと、トキワ荘に入居。1962年に週刊少年サンデーで『おそ松くん』、りぼんで『ひみつのアッコちゃん』の連載をスタート。1967年には週刊少年マガジンで『天才バカボン』、週刊少年サンデーで『もーれつア太郎』を連載し、次々とテレビアニメ化された。紫綬褒章受章。肺炎により72歳で死去。長女で現代美術家の赤塚りえ子が、フジオ・プロダクション社長を務めている。

マイルス・デイビス

1926年、歯科医の父デイビス2世と音楽教師の母クレオタのもと、イリノイ州アルトンに生まれる。9歳でトランペットを始める。高校でバンドを組み、地元のR&Bグループに参加。ニューヨークの名門ジュリアード音楽院に入学するも、ジャズクラブに入り浸りになって中退。サックスの巨匠チャーリー・パーカーのバンドに参加する。1948年に脱退して自分のバンドを結成し、名盤『クールの誕生』を発表する。モダンジャズ、クールジャズ、ハードバップ、フュージョン、エレクトリックなど、時代に応じたスタイルを確立し「ジャズの帝王」と称された。肺炎により65歳で死去。４人の子どもに恵まれて、三男のエリン・デイビスとは親子共演を果たした。

13 章

社会の真理を親から学んだ天才たち

ヒラリー・クリントン／ポール・オーファラ

強い個性を組織で生かすには？

今は想像できなくても、いずれ我が子は社会へと羽ばたいていく。

そんな将来をイメージすると、社会の真理を言葉で伝えておきたいと、親なら思うものだ。たとえ今は響かないとしても、いつかしかるべき時に思い出してもらえればよい、と。

アメリカの政治家、ヒラリー・クリントンは民主党の上院議員を務め、2016年の大統領選挙に出馬。アメリカ史上初の女性大統領が誕生なるかと注目を集めた。

結果的には、共和党のドナルド・トランプに敗れて、大統領就任は果たせなかったものの、その挑戦は多くの人々の心に残った。

ヒラリーは、第42代大統領ビル・クリントンの妻で、1993年から2001年までアメリカ合衆国のファーストレディだった。

二人はロースクールで出会ったが、馴れ初めのエピソードはなかなか強烈である。牛乳瓶の底のような眼鏡をかけて、典型的ながり勉タイプだったヒラリーに、ビルは心を惹かれて、何かと接近を試みるが、声をかける勇気が出ない。

ある日、ヒラリーがよくいる法律図書館に友達と出向いたビル。友達と話しながらも、目線はヒラリーのほうへ。ヒラリーは本の山を積み上げて、猛勉強していたが、突然、本をぱたりと閉じて、ビルのほうへつかつかとやってきた。

そして、こう話しかけたのである。

「いいこと？　あなた、5分間も私を見つめてたわね。少なくとも自己紹介すべきじゃない？」

これにはビルもたじたじで「もう泡くっちゃって、自分の名前が思い出せなかった」とのちに振り返る気持ちも理解できる。

ヒラリーがいかに強い女性として、アメリカの国民の目に映っているか。こんな有名なジョークがそれを物語っている。

ある日、クリントン大統領夫妻が、夫人の故郷の街でガソリンスタンドに入った。すると、従業員がヒラリーに話しかけた。

「ヒラリー、覚えてるかい？　高校時代、一緒にデートしたじゃないか」

その男性と思い出話を交わすヒラリー。スタンドを出ると、ビルがこう言った。

「あいつとデートしたって？　あいつと結婚したらどうなっていたかな？」

すると、ヒラリーは肩をすくめて、こう言ったという。

「彼がこの私と結婚してたら、逆にあなたがあそこでガソリンを入れていたでしょうね。そして、彼が大統領になってたわよ」

繰り返しになるが、これはフィクションである。だが、ジョークとして流布するほど、二人の関係性をよく表していることもまた事実である。

ビル自身もそんなふうに見られていることは承知で、こんなふうに語った。

「ぼくはずっと強い女性が好みだったんだ。世間が妻も大統領になれるといっても別に困りもしないよ」

ヒラリーがそんな強さを兼ねそなえた女性として育ったのは、母の影響が大きかった。4歳のときに泣かされて帰ってくると、母からこう言われたという。

「臆病者は家に入れません。叩かれたら叩き返してきなさい」

家に入れてもらえないので、ヒラリーは引き返して、泣かせた年上の女にとびかかってパンチを食らわした。その後、ヒラリーはグループのリーダー的存在となり、その相手とも生涯の友になったという。

母はいつもヒラリーにこう言っていた。

「お前はユニーク。他人のやっていることを真似するより、自分で考えなさい」

子どもの個性を伸ばすのにこれ以上ない言葉だろう。ヒラリーの母は、娘が他人の歩調に合わせることでせっかくの個性をなくしてしまうことを、何より恐れたのである。

だが、個性が損なわれるのを避けようと、娘が仲間をつくらずに孤立するのも、母の本意ではなかった。どんな人間関係にもある同調圧力を、うまくさばいてほしいという思いから、母は大工が使う水平器を娘に見せた。

水平器の気泡が中心にくる様を示して、こんなふうに語りかけたという。

「この水平器を心の中に持ちなさい」

個性を守るために仲間から離れるのではなく、個性を生かせる仲間との関係づくりを行う。そのために必要なバランス力を、ヒラリーは母から教えられたのだった。

うまく人に頼れる社会人になるには?

自分一人でできることは限られている。だからこそ、ビジネスにおいては、会社組織を立ち上げて、事業を興すことになるが、人に頼るのは意外と難しい。

仕事ができる人ほど「ほかの人には任せられない」「自分がやったほうが早い」と、仕事を抱えがちだ。だが、それでは、目の前の仕事に追われるばかりで、本来、取り組むべき大きな事業に着手することがいつまでもできないだろう。

人にうまく頼るには、どうすればよいのか。キンコーズを創業したポール・オーファラの仕事スタイルに学べることは多そうだ。

キンコーズは、広い店内でコピーサービスを提供し、スタッフが丁寧に対応してくれることからも、ビジネスパーソンに重宝されている。ポールがコピー事業に目をつけたのは、大学時代のこと。１９７０年にカリフォルニア州でキンコーズ１号店を開業。まだコピー機が普及していない時代に、大学生の立場だからこそ、そのニーズを嗅ぎ分けることができた。

その後、キンコーズは世界中に店舗を抱える大企業へと成長していく。その成功の裏には、ポールの独特な経営哲学があった。

ポールは周囲にできるだけ仕事を任せる経営スタイルをとった。スタッフだけで問題を解決させるために、本部のオフィスをなるべく不在にしていたほどである。

そんなポールの仕事術はこの言葉に集約されている。

「『もっとうまくできる人がいる』が私のモットーなのだ」

ポールが社員に頼ることに長けていたのは、幼少期からある障害に悩んでいたことに起因している。

ポールは、幼い頃から、難読症を患っており、文字の読み書きができなかった。アルファベットが覚えられないために小学2年生を落第。学校を8回転校し、4校では放校処分を受けている。

小学校から教育を放棄され、ポールが落ち込んでいるとき、母が必ず言った言葉がこれだ。

「いいかい、ポール、Aの生徒はBの生徒のもとで働く、Cの生徒はその会社を経営する、Dの生徒はその会社にビルを貸すんだよ」

ビジネスはさまざまな人間関係のもとに成り立っている。自分で何もかもやる必要はない。人生にはたくさんの選択肢があることを母から教えられたポールは、小学生にして、「いつか事業を立ち上げよう」と決意。コピー事業に目をつけた斬新なビジネスサービスで、キンコーズを誕生させることになった。

ポールはこんなことも言っている。

「人に頼むすべさえ身に付けておけば、人生を切り抜けられる」

困ったときには、誰かを頼っていい。その安心感を最初に与えられるのは、親である。困難に直面したとき、子どもに頼られる関係性を築きながら、それを社会の人間関係に広げていく。そのための言葉を、親は子にかけていくとよいのではないだろうか。いつかは社会で仲間とともに生きていく子どもに、親が伝えるべきメッセージについて、親野先生にもう少しヒントをもらうことにしよう。

教えて！親野先生

Q

子どもが周囲になじんでやっていけるか不安です。

組織でカバーし合うイメージを持たせる

はたして、我が子は集団生活のなかでやっていけるのか――。そんな心配事を抱える親も少なくはないでしょう。

偉人がまさにそうですが、個性豊かで魅力ある人ほど、人間関係で苦労することが多いです。良好な人間関係を保ちながらも、自分らしさを発揮するには、バランス感覚が必要となりますからね。子どもが広い社会に羽ばたくときに備えて、視野が広がるような親の言葉をかけてあげてください。

ヒラリーのお母さんは「水平器を心の中に持ちなさい」という表現で「個性を殺さず、それでいて集団からもつまはじきにされず、良い仲間をうまくつくりなさい」というメッセージを込めています。

何か身近なものにたとえると、子どもは思い出しやすいかもしれません。キンコーズを創業したポール・オーファラのお母さんは、一つのビルを社会になぞらえているわけですよね。いろんな働き方があることを示唆しています。

個性を伸ばして自分らしく生きることの意義を伝える一方で、仲間づくりの大切さも理解させる。それは子どもに「周囲に頼っていいんだよ」ということを伝えることでもあります。

「あなたは、前向きでどんどん行動するところがすごいと思うよ」

そんなふうに長所を強調しながら、「でも、何でもかんでも全部自分でやるのは大変なときもあるから、そういうときは、人に頼んだりプロの業者に依頼したりすることで乗り切るのもいいかも」といった具合に、集団生活のなかで補い合うイメージにつながる言葉がけをするとよいかもしれません。

うまく助けを求められる人になるには

日本人は「自立しなさい」と子どもに言い過ぎてしまう傾向があります。前述した研究結果をみても、子どもは手助けされることで、相手の大人を信用して好きになり、好きな大人の前では「かっこいいところを見せたい」と、自然に自立していくものです。

にもかかわらず、執拗(しつよう)に自立を促すと、どうなるのか。「他人に助けを求めるのがよくないことだ」と考えてしまうのですね。これは社会に出たときに、非常に危ういことは言うまでもないでしょう。

そもそも「自立」と「依存」は対立するものではありません。依存できる場所があるからこそ、人は自分で立つことができるようになります。たった一人でがんばってきた人が、ある日、突然にポキっと心が折れて、反動で何か一つのことに過度に依存するという悲劇も、起こり得ます。

普段から上手に周囲の力を借りて、また、自分も周囲に力を貸して支え合うことこそが、本当の意味でも自立につながります。そのことを、子どもには伝えてあげてほしいなと思います。

A

誰かに頼ってもよいことを伝えてあげましょう。

13章の主な登場人物

ヒラリー・クリントン

1947年、紡績会社を経営する父のヒュー・ロダムと母のドロシーのもと、長女としてアメリカのイリノイ州に生まれる。ウェズリー大学を卒業後、イェール大学法科大学院に進学。大学院修了後にビル・クリントンと結婚して、その後、一女をもうけた。夫ビルがアメリカ大統領を務めた1993〜2001年には、ファーストレディとして活躍。2001年からは米国上院議員（民主党）を務めて、2007年に大統領を目指して出馬するも、予備選挙で撤退。大統領に就任したバラク・オバマの指名を受けて、2009年から2013年まで国務長官を務める。2016年の大統領選挙では、民主党の候補者指名を獲得。接戦の末に共和党のトランプ候補に敗れている。

ポール・オーファラ

1947年、レバノン人の両親のもと、カリフォルニア州ロサンゼルスに生まれる。「難読症」によって、小学校を8回転校し、うち4校で放校処分となった。家族や友人のサポートにより、カリフォルニア州立大学に入学。在学中の1970年に3坪のコピー店、キンコーズ1号店を開店。その後、業務をビジネス・ソリューション全般に広げて、世界中に店舗展開する大企業へと育て上げた。2000年に、キンコーズの会長職を辞任。ベンチャー企業の経営や、大学での講義活動など、幅広い活動に携わる。また「オーファラ・ファミリー基金」を立ち上げて、学習障害児の児童発育プログラムを提供するなど支援を行っている。

14

章

親に自立へと導かれた天才たち

渋沢栄一／カール・マルクス／

ユング／杉野芳子

教育熱心な両親ほど「子離れ」に苦労することがある。こんな「子育て四訓」は聞いたことがあるだろう。

「乳児は肌を離すな」
「幼児は肌を離して、手を離すな」
「少年は手を離して、目を離すな」
「青年は目を離して、心を離すな」

少しずつ、我が身から離していくのもまた、親の大切な仕事だ。偉人は、親からどんな自立へと導く言葉をかけられて、旅立ったのだろうか。

「資本主義の父」と称される実業家の渋沢栄一は、激動の明治期において、さまざまな会社設立に携わった。日本初の株式組織の銀行として創設した第一国立銀行（みずほ銀行の前身の一つ）をはじめ、経営を手がけた企業は500社以上にものぼる。

事業では徹底した合理主義を発揮した渋沢だったが、青年期は迷走しており、親も随分と苦労させられたようだ。

渋沢は、埼玉県深谷市の裕福な農家の長男として生まれた。父の市郎右衛門は、商才があり、武芸にも通じていただけではなく、「四書五経」を十分に読めるほどの教養も、兼ねそなえていた。

渋沢はそんな父から中国古典の手ほどきを受けながら、近所に住む従兄弟の尾高惇忠（あつただ）のもとに通い、日本史も学び、教養を高めていく。書物に夢中になった渋沢は、本を読みながら外を歩いて溝に落ち、着物をぐちゃぐちゃにしたこともあった。

本で身につけた知識を、どうやって日々に生かせるのか。いつもそう考えていた渋沢は、こんな言葉を好んだという。

「ただこれを知ったばかりでは、興味がない。好むようになりさえすれば、道に向かって進む」

広い世間を知るために、父の許可をもらって江戸で数カ月、遊学も果たしている。そのうちに、今の世が決して安泰ではないこと、江戸幕府がアメリカのペリーから開国を迫られ、列強の脅威に迫られていることを、渋沢は知る。

このままではこの国は滅びてしまう――。そんな危機感から、渋沢は過激な尊王攘夷思想に染まっていく。

「ここは一つ派手に血祭りとなって世間に騒動をおこす踏み台となろう」

渋沢は、尾高惇忠らと外国人を打ち払うための計画を立てる。それは、高崎城を襲撃し、横浜を焼き討ちにするという乱暴なものだった。

渋沢からすれば、日本が外国の好きなように侵略されたならば、生きていても死んでいるも同然だから、死ぬことはもとより覚悟の上だ。しかし、残された家族に迷惑がかかることは避けたかった。

そこで、渋沢は、自分の思いをぶつけて、勘当してもらう、つまり、親子の縁を切ってもらおうと考えた。

父も、息子の様子から不穏な雰囲気を感じ取っていたようだ。渋沢が「天下が乱れる日には農民だからといってのんびり家にはいられない」と切り出すと、父は話をさえぎって、こう言った。

「それはお前が自分の役割をこえて、いわば望むべきではないものを望んでいるのではないか」

農民には農民の役割があるんじゃないか。父は息子に必死にそう伝えるが、渋沢の意志は固かった。

「もし日本の国がこのまま沈むような場合でも、『自分は農民だから少しも関係ない』といって傍観していられるのでしょうか」

議論は続いたが、渋沢はこのときもう23歳である。親が口を挟む歳でもない、と父は考えたのだろう。渋沢にこう言って、議論に幕を引いている。

「もう決してお前のやることにかれこれと良い悪いをいわないから、この後の行為によくよく注意して、あくまでも道理を踏み間違えずに、一片の誠意を貫いて、仁人義士といわれることができたなら、その死生や幸不幸とにかかわらず、オレはこれを満足に思う」

結局、渋沢はこの計画を断念。故郷から追われるように江戸、そして、京に向かう。その後、渋沢は攘夷思想から脱して、一橋家に仕官。パリ随行を果たすと、帰国後は明治新政府に求められて、大蔵省に任官している。

さらに、大蔵省を辞して、実業家として羽ばたいた渋沢。そのモットーは利益主義に陥らないことで、どんなときも道徳を重んじた。

「そもそも国家というものは、人民が豊かになれば道徳が欠けて仁義が行われなくてもよい、とは誰もいえないだろうと思う」

道理を踏み違えないように、誠意を貫く――。時代の流れに応じて、渋沢はその立場を変えながらも、父の教えから逸脱することはなかった。

親の言うことを聞かなかったという点では、経済学者のカール・マルクスも同じだ。マルクスは健康を案じる両親の声をまるで無視して、無茶ばかりしていた。父はマルクスがベルリン大学の在学中に亡くなるが、死の前年には、こんな言葉を送っている。

「おまえはすでに私より大きくなってしまった。おまえは私よりすでにすぐれた人間になってしまった。だから、結局のところどうするか、それはおまえに任せるしかない」

マルクスの父も不安ながらも、我が子の歩みを信じようとしていた。

「お前なら、きっと」という言葉の力

スイスの心理学者で精神医学者のカール・グスタフ・ユングは、フロイトの精神分析に共鳴。弟子として、フロイト理論の発展に寄与するが、やがて袂（たもと）を分かって、独自の分析心理学を創始した。

ユングにも父にかけられた忘れられない言葉があった。

それは14歳のときのことだ。ユングは食欲が減退し、健康状態が不安定だったことから、

医師に勧められて、エントルブッフという地で療養生活を送る。親元を離れて、さまざまな患者が交じったグループのなかで、刺激的な時間を過ごすこととなった。

最終日は、父が駅まで迎えに来て、そこから二人で旅に出た。滞在した村には、高い山がそびえており、山頂まで鉄道が通じていたという。

父はユングにこの言葉を送った。

「お前は一人でも山頂までのぼっていける。私はここにいる」

病み上がりではあったが、父の後押しを受けて、ユングは一人で山頂を目指した。その山頂に立ったとき、ユングは目覚める。

「これが私の世界、本当の世界。秘密なんだ。ここには、先生も学校も答えられない質問もなく、何かをたずねなければならないということもなくていられるんだ」

よほど印象的だったのだろう。この経験について、ユングはこんなふうに語っている。

「これは父がかつて私に与えてくれた中で、最良かつ最も貴重な贈りものであった」

送り出すということでは、ニューヨーク留学を経て、帰国後に日本で活躍したファッションデザイナー、杉野芳子も同じような経験をしている。

杉野は、小学校の教員を経て、22歳のときに単身で渡米して、洋裁を学ぶことを決意。

母からは心配されながらも、こんな言葉をかけられたという。

「行っておいで。芳子なら何か勉強してくるだろう。おまえを信じているよ」

一人の人間として送り出すその日まで、重ねてきた数々の親の言葉。送り出す言葉は、その集大成でもあり、親としても子としても一つの節目となる。

これまでの歴史がある親だからこそ言える温かい言葉を、子どもの旅立ちに贈ろうではないか。

親野先生、子離れする準備がまだまだできそうにない私に、最後のアドバイスをいただけませんか？

教えて！親野先生

Q

子どもがちゃんと自立できるか心配です。

「自立」は具体的には何を指す？

「子どもに自立してほしい」と親から相談されることはよくあります。そのとき、私はこう尋ねるようにしています。

「自立というのは、具体的にはどういうことができるようになることだと思いますか？」

ある座談会で5人のお母さんと話したときにも、同じことを聞きましたが、答えは次のようなものでした。

「朝、自分で起きてくる」「自分で歯を磨く」「明日の支度を自分でする」「宿題を自分から進める」「お手伝いを自分からできる」……。

これらは結局「親が子どもにやってほしいこと。子どもに自動的に取り組んでほしいこと」に過ぎないんですね。親にとって都合がよいことを「自立だ」と勘違いすることが、しばしば起こります。

もちろん、そういった生活のことを自分でできるようになることも大切なのですが、一人暮らしをしたら、必然的に自分でやらざるを得ないですからね。そんなに思い悩むことでは本来ありません。

では、本当の意味での「自立」とは何でしょうか。

こんな話があります。ある幼稚園の年長さんの男の子ですが、何をやっても遅くて、だらしがない。朝は起きられないし、ご飯を食べるのも遅い。身支度も満足にできなくて、お母さんは「うちの子は全然、自立できていない」と嘆いているわけですね。

ところが、幼稚園の先生に話を聞くと、その子の全く別の面が明らかになります。「遊びの大将」のような行動力があって、5～6人の友達を引き連れては、みんなが思いつかないような遊びを考案して、その場を取り仕切っているんです。面白いことは自分でどんどんやって、周囲をも巻き込んでいく。そんな子どもだったんですね。

私は思わず、お母さんにそう言いました。

「これぞ自立じゃないですか」

親は「育てやすい子ども」を「自立している子ども」と取り違えやすいんですね。本当に大切な「自立」とは、自分がやりたいことを自分で見つけて自分でどんどんやっていくことなんです。

そのことをまずは理解して、子どもをよく観察すれば、自立の芽が必ずあると思います。それこそが、その子の伸ばしてあげるべき長所ということになります。

「自立」こそが幸せの近道

そもそも「自立している子」は「育てやすさ」からは対極にあるといってもよいと思います。何しろ、自分でやりたいことをどんどん見つけて、自らやっていくわけですからね。

自立していれば、親が「このプリント教材をやりなさいよ」と言っても「いや、今から釣りに行くんだもん」と言われてしまいます。

「偉人」や「天才」と呼ばれる人が、子どもの頃に優等生ではなく育てにくいタイプが多かったのも、まさに自立しているがゆえでしょう。自分のやりたいことがあるので、大人の言うことなんて聞かないんですね。

親はみな、自分の子を偉人にしたいとは思っていないとしても、幸せに生きてほしいと願っているはずです。ならば大切なのは、本当の意味で「自立すること」です。プライベートも仕事も、自分のやりたいことを見つけて邁進していく。それこそが幸せな人生ですし、自立している人生でもあります。

企業もいわゆる「指示待ち人間」ではなく、自走できる人材を重宝するようになってきています。これまでの量産型の教育では、グローバル化する社会で生き抜くことは難しいということです。親自身の経験は、役に立たなくなってきています。

だからこそ、ぜひ、子ども本人が「やりたい」ということを、親は全力で応援してあげてください。それが見つかるまでは、その子が自分の「好き」に気づけるように、いろんなことに挑戦させてあげてください。

その子がもともと持っている種を大切にして育てていく。そのために、親の力が必要だと私は確信を持っています。

A

「育てやすい子ども」が「自立している子ども」ではありません。子どものやりたいことを全力で応援してあげてください。

14章の主な登場人物

渋沢栄一（しぶさわ・えいいち）

１８４０年、父・渋沢市郎右衛門元助と母・ゑいのもと、長男として武蔵国榛沢郡血洗島村（現・埼玉県深谷市血洗島）の農家に生まれる。尊王攘夷思想にかぶれて、一時は高崎城を襲撃して武器を奪い、横浜に住む外国人たちを追い払う計画を立てるが断念。一橋慶喜の家臣となり、

1867年には慶喜の弟・昭武がパリ万博へ列席するのに随行。欧米諸国を周遊した。明治維新後は、大蔵省官吏を経て第一国立銀行を設立。王子製紙、大阪紡績など各種の会社の立ち上げに参画。実業界の指導的役割を果たした。引退後は社会事業に尽力して、91歳で死去。生涯になした子どもは20人にものぼると言われている。

カール・マルクス

1818年、弁護士の父・ハインリヒと母・ヘンリエッテのもと、次男としてドイツのトリーアに生まれた。ボン大学を経て、ベルリン大学に入学。イエナ大学に論文を提出して哲学博士になる。ライン新聞の編集者となり、盟友エンゲルスと出会う。弾圧により失職してパリへ。共産主義者同盟に加わり、『共産党宣言』を発表した後、ロンドンに亡命した。著書『資本論』で資本主義を定義した。マルクス主義の創始者として、現在でもなお影響力を持つ。64歳で死去。妻のイェニーとの間には二男四女をもうけた。

カール・グスタフ・ユング

1875年、スイス北部のケスヴィルで、プロテスタント牧師の家に生まれる。バーゼル大学で医学を学んだのち、ブルクヘルツリ病院のブロイラーのもとで言語連想実験の研究に従事。フロイトの精神分析運動に参加して、後継者と目されるほど精力的に活動するも、のちに決別。人間の深層心理を探究し、「分析心理学」を創始すると、「コンプレックス」「元型」「集合的無意識」「無意識の補償機能」「内向／外向」「個性化」などの独創的な理論を提唱した。現代のユング派臨床心理学の基礎を築き上げる。著作に『無意識の心理学』『心理の類型』など。85歳で死去。

妻エンマとの間に5人の子に恵まれた。

杉野芳子（すぎの・よしこ）

1892年、千葉県匝瑳郡南条村字柴崎の地主の家に生まれて、母一人の家庭で育つ。高等女学校を卒業後、鉄道省史上初の女性職員となった。その後、小学校の教員となるが、22歳で渡米して洋服作りを学ぶ。クリスマスパーティでスタンフォード大学出身の建築技師・杉野繁一と出会い、25歳で結婚。7年のアメリカ生活を経て、帰国後は1926年に東京で「ドレスメーカー・スクール」（のち杉野学園ドレスメーカー学院）を創設。戦火を乗り越えると、洋裁ブームに乗ってドレメ王国を築いて「ドレメの女王」と呼ばれた。1950年に杉野学園女子短期大学被服科を、1964年に杉野学園女子大学（現・杉野服飾大学）を開設。86歳で死去。

あとがき

真山知幸

40歳を機に、大学を卒業以来ずっと勤めていた会社を辞め、フリーランスになった。会社員時代から、偉人や名言の本を書いていたので、それを専業とする道を選んだのである。

その大きな理由の一つが「家族と過ごす時間をもっと持ちたかった」からだ。

私には、一人の息子と、二人の娘がいる。今は三人とも小学生だ。独立することへの経済的な不安はあったが、子どもたちと過ごす時間が増える楽しみが、それに勝った。看護師の妻が本格的に働きに出ようとしてくれたことも、決断の後押しとなった。

「よーし、家事も覚えて、子どもたちとたくさん遊ぶぞー！」

そうワクワクしていたが、フリーランス生活が始まって1年が経った今、私はなんだか、小言ばかり言っている。

「ほら、また出しっぱなしにしている！」

「プリントは？」

「準備しないと習い事に間に合わないって！」

一緒に過ごす時間が増えるということは、それだけ密に子どもたちと向き合うということ。思うようにいかず、イライラしてしまうのは親も子も同じだ。楽しいこともあるが、口うるさくしなければならないことも多く、毎日何かとバタバタしている。

「これを妻は今まで、ほぼ一人でやっていたのか……」

正直なところ、育児には協力的なほうだと自負していた。土日のピンチヒッターと、毎日の育児とがまるで異なることも理解していたつもりだったが、甘かった。いや、現在でもまだ甘い。少しずつできることは増えてきてはいるものの、私は家事、育児の全貌がみえておらず、妻は日中働いている日も必死にこなしてくれているのが、現実である。

そんな今まさに奮闘中の筆者だが、独立して家で過ごすことにした選択に、後悔は全くない。一緒に食卓を囲む回数だけを考えても、この1年ですでに、会社員生活での5年分くらいに匹敵しているだろう。そして、家族と交わす言葉もどれだけ増えたことか。

試しに子どもたちにかけている言葉の数を数えてみたら、朝6時30分に起床して、7時40分に送り出すまでの1時間10分の間に、「おはよう！」「朝だよー」「もう起きなー」から始まって、3人の子どもたちに実に108回も話しかけていた。

その間にも、本書の取材での親野先生のアドバイスが頭に浮かび、朝食を手伝ってくれれば「気が利くね」と声をかけ、朝食時に兄弟間でクイズが始まって答えが出れば「さすが」「正解、すごいな」「よく覚えてたね」とポジティブ声かけを連発。

また、小学校での昼休みに小3の長女が小1の次女の様子を見に行ったと聞いたときは「優しいね」の言葉が自然と出た。それでも、褒めワードは108回のうち10程度。主に朝の準備に対する声かけが大半だった。

午後に学校から帰って来てからは、夕食までの4時間を計測。子どもたちは宿題やゲームなどに忙しく、朝に比べてバタバタと声をかける機会も少ないために、回数自体は120にとどまったが、褒めワードは20と、6分の1を占めることができた。

夕食が始まると、わちゃわちゃしてきて、もう数えるのをやめてしまったが、1日だけでも、子どもたちにかなり声かけをしていることを実感した。毎日の言葉を少しずつ、変えていくだけでも、よりよい親子関係が築けるのではないかと思う。

私もまた読者のみなさんと一緒に、この本で紹介した天才の親たちの言葉がけを取り入れていきたい。

あとがき

親野智可等

今は激動の時代で、生活環境も価値観も、そして子育てや教育を取り巻く状況も目まぐるしく変化しています。そのような中で、子育て中の親御さんたちは、子育てや教育の指針になるような情報を求めています。

それに応える情報も日々たくさん発信されていますが、はっきりいって玉石混交の感があります。有名人が実践しているという理由だけで広く喧伝された情報が、児童心理学や教育学の専門家から見たら間違えだったということもよくあります。

また、極めて特殊な価値観を持つ人の極端な子育て論が一世を風靡することもあります。最新の理論とか科学的研究の成果などということで華々しく登場した情報が、あっという間に消えていったりすることもあります。

そのような状況の中で、本書は一つの羅針盤のようなものになるのではないかと考えます。というのも、本書には真山氏の多大なるご努力によって収集された、子育てや教育の参考になる古今東西のエピソードが満載だからです。

例えば、ゼネラル・エレクトリック社（GE）のCEOを務めたジャック・ウェルチは、少年時代に吃音で言葉がうまく出ませんでした。そんな彼に、母親は「言葉に障害があるんじゃない、頭の回転が速すぎるだけ」と言いました。ウェルチはその言葉に大いに励まされてがんばることができたのです。

また、童話作家アンデルセンは、父親に「気のすすまない道を無理に選んではいけない。ほんとうに自分がなりたいと思うものになることだよ」と励まされました。アンデルセンは、若い頃、迷走を繰り返しましたが、この言葉がアンデルセンを支え続けました。

漫画家・手塚治虫は医師免許を取得しつつ漫画家としても活動していましたが、やがて両立に苦しむことになりました。母親に相談したところ「あなたは漫画と医者とどっちが好きなの？」と問いかけられて、手塚が「漫画です」と答えると母は「じゃ、漫画家になりなさい」と言ってくれました。そのおかげで、漫画家・手塚治虫が誕生したのです。

このようなエピソードは朽ちることがありません。それについての解釈が変わることはあっても、実際にあったエピソード自体が変わることはないからです。もちろん、読者のみなさんには多種多様な子育ての状況や親子の形があると思いますが、本書の数多くのエピソードの中には、きっとみなさんの参考になる物が多数あると思います。

本書は1度読んで終わりということではなく、読み返すたびに新たな発見ができる本だと思います。ぜひ、折に触れて本書を手に取っていただき、子育ての羅針盤としてご活用いただきたいと思います。

参考文献

『天才エジソンの秘密 母が教えた7つのルール』幸田ヘンリー（著） 講談社

『エジソン――電気の時代の幕を開ける』ジーン・アデア、オーウェン・ギンガリッチ（著） 近藤隆文（訳） 大月書店

『怪人エジソン 奇才は21世紀に甦る』浜田和幸（著） 日経ビジネス人文庫

『アインシュタインは語る』アリス・カラプリス（編） 林一・林大（訳） 大月書店

『おやじのせなか』朝日新聞社会部（編） 朝日新聞社

『縛られた巨人――南方熊楠の生涯』神坂次郎（著） 新潮文庫

『天才の通信簿』ゲルハルト・プラウゼ（著） 丸山匠、加藤慶二（訳） 講談社文庫

『彼も人の子 ナポレオン――統率者の内側』城山三郎（著） 講談社文庫

『チャーチル・ファクター たった一人で歴史と世界を変える力』ボリス・ジョンソン（著） 小林恭子（訳） プレジデント社

『世界で最も偉大な経営者』ダイヤモンド社

『人間ゲーテ』小栗浩（著） 岩波新書評伝選

『フランクリン自伝』ベンジャミン・フランクリン（著） 松本慎一、西川正身（訳） 岩波文庫

『第三の新人――私の履歴書』庄野潤三他（著） 日経ビジネス人文庫

『岡倉天心』大岡信（著） 朝日選書

『英語達人列伝――あっぱれ、日本人の英語』斎藤兆史（著） 中公新書

『15歳の寺子屋「フラフラ」のすすめ』益川敏英（著） 講談社

『野口英世』中山茂（著） 岩波書店

『野口英世は眠らない』山本厚子（著） 集英社

『爽やかなる熱情 電力王・松永安左エ門の生涯』水木楊（著） 日経ビジネス人文庫

『おやじのせなか』朝日新聞社会部（編） 東京書籍

『日本画の巨匠――私の履歴書』上村松篁他（著） 日経ビジネス人文庫

『プルタルコス英雄伝』プルタルコス（著） 村川堅太郎（訳） ちくま学芸文庫

『ダーウィンの生涯』八杉龍一（著） 岩波新書

『教育者という生き方』三井綾子（著） ぺりかん社

『美空ひばり 虹の唄』美空ひばり（著） 日本図書センター

『宮本常一――民俗学の旅』宮本常一（著） 日本図書センター

『一休 風狂の精神』西田正好（著） 講談社現代新書

『カーネギー自伝 新版』アンドリュー・カーネギー（著） 坂西志保（訳） 中公文庫

『人生で大切にすること』ビルゲイツ・シニア、メアリーアン・マッ

キン（著） 小川敏子（訳） 日本経済出版社
『世界を創った人びと24 ヴィクトル・ユゴー』赤井彰（編訳） 平凡社
『長嶋茂雄――燃えた、打った、走った！』長嶋茂雄（著） 日本図書センター
『定本・長嶋茂雄』玉木正之（著） 文春文庫
『宮沢賢治とその周辺』川原仁左エ門（編著） 宮沢賢治とその周辺刊行会
『カントの生涯 哲学の巨大な貯水池』石井郁男（著） 水曜社
『升田幸三――名人に香車を引いた男』升田幸三（著） 日本図書センター
『鈴木貫太郎――鈴木貫太郎自伝』鈴木貫太郎（著） 日本図書センター
『浜田庄司――窯にまかせて』浜田庄司（著） 日本図書センター
『藤山寛美――あほかいな』藤山寛美（著） 日本図書センター
『黒澤明――生誕100年総特集』KAWADE夢ムック 文藝別冊
『蝦蟇の油――自伝のようなもの』黒沢明（著） 岩波現代文庫
『娘は宇宙飛行士』浦野友子（著） 主婦の友社
『子どもの才能を目覚めさせる56のアドバイス集』NHK「となりの子育て」（編） 角川マーケティング
『チャーチル――イギリス現代史を転換させた一人の政治家 増補版』河合秀和（著） 中公新書
『アンデルセンの生涯』山室静（著） 現代教養文庫
『手塚治虫：アーチストになるな』竹内オサム（著） ミネルヴァ日本評伝選
『アガサ・クリスティー自伝〈上〉』アガサ・クリスティー（著） 乾信一郎（訳） ハヤカワ文庫
『赤塚不二夫自叙伝 これでいいのだ』赤塚不二夫（著） 文春文庫
『マイルス・デイビス自叙伝〈1〉』マイルス・デイビス、クインシー・トループ（著） 中山康樹（訳） 宝島社文庫
『ヒラリー・クリントン 運命の大統領』越智道雄（著） 朝日新書
『夢は、「働きがいのある会社」を創ること。』ポール・オーファラ、アン・マーシュ（著） 倉田真木（訳） アスペクト
『現代語訳論語と算盤』渋沢栄一、守屋淳（著） ちくま新書
『カール・マルクスの生涯』フランシス・ウィーン（著） 田口俊樹（訳） 朝日新聞社
『ユング自伝1――思い出・夢・思想』カール・グスタフ・ユング（著） アニエラ・ヤッフェ（編） 河合隼雄、藤縄昭、出井淑子（訳） みすず書房
『杉野芳子――炎のごとく』杉野芳子（著） 日本図書センター
『偉人名言迷言事典』真山知幸（著） 笠間書院
『「ダメ！」を言わなければ子どもは伸びる』親野智可等（著） PHP研究所

［ 著者 ］

真山知幸（まやま・ともゆき）

著述家、偉人研究家。3児の父。
1979年、兵庫県生まれ。2002年、同志社大学法学部法律学科卒業。上京後、業界誌出版社の編集長を経て、2020年独立。偉人や歴史、名言などをテーマに執筆活動を行い、著作40冊以上。『ざんねんな偉人伝』『ざんねんな歴史人物』はシリーズ20万部突破のベストセラーとなった。名古屋外国語大学現代国際学特殊講義（現・グローバルキャリア講義）、宮崎大学公開講座などでの講師活動やメディア出演も行う。

［ 教育アドバイザー ］

親野智可等（おやの・ちから）

教育評論家。本名、杉山桂一。
長年の教師経験をもとに、子育て、しつけ、親子関係、勉強法、学力向上、家庭教育について具体的に提案。大ヒット漫画『ドラゴン桜』に指南役として参加し、現在はTwitter、YouTube「親力チャンネル」、Blog「親力講座」、メールマガジン「親力で決まる子供の将来」などで発信中。オンライン講演会、小・中・高等学校、幼稚園・保育園のPTA、市町村の教育講演会、先生や保育士の研修会でも大人気となっている。詳細は「親力」で検索して公式HPから。

天才を育てた親は
どんな言葉をかけていたのか？

2021年11月15日　初版印刷
2021年11月25日　初版発行

著　者　　真山知幸
発行人　　植木宣隆
発行所　　株式会社サンマーク出版
東京都新宿区高田馬場2-16-11
（電）03-5272-3166
印　刷　　中央精版印刷株式会社
製　本　　株式会社村上製本所
イラスト　　竹田嘉文
ブックデザイン　　三森健太＋永井里実（JUNGLE）
校　正　　鷗来堂
DTP　　辻井知（SOMEHOW）
編　集　　淡路勇介（サンマーク出版）

ISBN978-4-7631-3938-2　C0030
ホームページ　https://www.sunmark.co.jp